L'Intelligence Artificielle Simplement Expliquée

Comprendre Utiliser et Vivre avec l'IA

en Toute Confiance

Taha-Hassine FERHAT

TABLE DES MATIERES

Préface

Pourquoi ce livre et à qui s'adresse-t-il

Vous avez sans doute entendu parler d'intelligence artificielle. Ces deux mots semblent être partout : dans les journaux, dans les films, dans les conversations. Peut-être avez-vous l'impression que l'IA est réservée aux experts en informatique ou aux grandes entreprises technologiques. Peut-être vous sentez-vous dépassé par tous ces termes techniques et ces innovations qui paraissent surgir chaque jour.

C'est précisément pour vous que j'ai écrit ce livre.

Je suis convaincu que l'intelligence artificielle n'est pas un sujet qui devrait rester confiné aux laboratoires de recherche ou aux salles de conseil d'administration. Elle fait désormais partie de notre quotidien, influence nos choix, transforme nos métiers et façonne notre avenir collectif. Comprendre ses principes fondamentaux est devenu aussi essentiel que de savoir utiliser un téléphone portable ou naviguer sur internet.

Imaginez ceci: vous utilisez probablement déjà l'IA des dizaines de fois par jour sans même le savoir. Lorsque votre téléphone déverrouille l'écran en reconnaissant votre visage, quand Netflix vous suggère une série "qui pourrait vous plaire", ou lorsque Google Maps vous indique l'itinéraire le plus rapide en tenant compte du trafic en temps réel – c'est l'intelligence artificielle qui travaille pour vous.

Ce livre s'adresse à vous qui êtes curieux, mais pas nécessairement technicien. À vous qui souhaitez démystifier cette technologie sans vous perdre dans les équations mathématiques ou le jargon informatique. À vous qui voulez simplement comprendre comment fonctionne cette révolution silencieuse qui transforme notre monde, et comment elle peut vous être utile.

Parents souhaitant accompagner vos enfants dans ce monde numérique, professionnels voyant votre métier évoluer, citoyens désireux de participer aux débats de société, ou simplement personnes curieuses : ce livre est pour vous.

Comment lire ce livre pour en tirer le meilleur parti

Ce livre a été conçu comme un guide accessible, que vous pouvez parcourir à votre rythme. Voici quelques conseils pour en tirer le meilleur parti :

Ne vous précipitez pas. Chaque chapitre introduit des concepts qui s'appuient sur les précédents. Prenez le temps d'assimiler une idée avant de passer à la suivante. L'IA est comme un grand puzzle dont nous allons assembler les pièces pas à pas.

Faites des liens avec votre quotidien. À chaque concept présenté, essayez de l'identifier dans votre vie de tous les jours. Cette technologie est peut-être déjà plus présente autour de vous que vous ne le pensez. Par exemple, après avoir lu le chapitre sur la reconnaissance d'images, observez comment votre application photo organise automatiquement vos clichés par personnes ou par lieux.

N'hésitez pas à revenir en arrière. Certaines notions peuvent sembler abstraites à première lecture. Il est parfaitement normal de relire certains passages pour mieux les comprendre. J'ai conçu ce livre pour qu'il puisse être consulté comme une ressource à laquelle vous pouvez revenir quand vous en avez besoin.

Utilisez le glossaire. À la fin de l'ouvrage, vous trouverez un lexique simplifié des termes essentiels. Consultez-le chaque fois qu'un mot vous semble peu familier. Les termes du glossaire apparaîtront en **gras** lors de leur première utilisation dans le texte.

Explorez les exemples pratiques. Tout au long du livre, vous trouverez des encadrés "En pratique" qui vous proposent des activités simples pour expérimenter par vous-même certains concepts. Ces petites expériences concrètes valent souvent mieux que de longues explications.

Partagez et discutez. L'intelligence artificielle soulève des questions fascinantes. N'hésitez pas à partager vos découvertes avec votre entourage et à en discuter. Ces conversations enrichiront votre compréhension. Pourquoi ne pas organiser un petit "club de lecture" autour de ce livre ?

Restez curieux. Ce livre n'est qu'une introduction. Le domaine de l'IA évolue rapidement. Les principes fondamentaux que vous découvrirez ici vous aideront à comprendre les innovations futures. Je vous propose quelques ressources actualisées à la fin de l'ouvrage pour continuer votre exploration.

L'objectif n'est pas de faire de vous un expert technique, mais de vous donner les clés pour comprendre, utiliser et discuter de l'intelligence artificielle en toute confiance. Car dans un monde où cette technologie prend une place grandissante, la comprendre n'est pas un luxe, mais une nécessité.

Ce que vous découvrirez dans ce livre

Pour vous donner un aperçu de notre voyage, voici ce que nous explorerons ensemble :

- **D'abord, les fondamentaux** : qu'est-ce que l'IA exactement, comment "apprend"-elle, et quels sont les différents types d'intelligence artificielle ?
- **Ensuite, les applications concrètes** : comment l'IA transforme déjà notre quotidien, du smartphone aux services publics en passant par nos maisons et nos lieux de travail.
- **Puis, les enjeux cruciaux** : quelles sont les promesses et les limites de cette technologie ? Quelles questions éthiques soulève-t-elle ?
- **Enfin, les compétences pratiques** : comment interagir efficacement avec les systèmes d'IA, protéger sa vie privée, et évaluer la fiabilité des informations générées.

Nous conclurons en explorant les tendances futures et en réfléchissant à comment vivre sereinement dans ce monde de plus en plus augmenté par l'intelligence artificielle.

Bonne lecture, et bienvenue dans ce voyage au cœur de l'intelligence artificielle !

Introduction

Qu'est-ce que l'intelligence artificielle ?

Définition simple et accessible

Si vous demandiez à dix personnes différentes de définir l'intelligence artificielle, vous obtiendriez probablement dix réponses différentes. Pour certains, c'est le robot humanoïde des films de science-fiction. Pour d'autres, c'est l'assistant vocal qui répond à leurs questions. D'autres encore pourraient évoquer des algorithmes complexes ou des systèmes qui battent les humains aux échecs.

En réalité, l'intelligence artificielle est un peu tout cela, mais elle peut se définir simplement comme :

Des systèmes informatiques capables d'accomplir des tâches qui, traditionnellement, nécessitaient l'intelligence humaine.

Afficher l'image

Ces tâches incluent la reconnaissance d'images, la compréhension du langage, la prise de décision, ou encore la résolution de problèmes. Contrairement aux programmes informatiques classiques qui suivent des instructions précises et prédéfinies, l'IA peut "apprendre" de ses expériences et s'améliorer au fil du temps.

Pour mieux comprendre : l'analogie de l'enfant

Imaginez un enfant qui apprend à reconnaître un chat : après avoir vu plusieurs chats, il sera capable d'en identifier un nouveau, même s'il ne l'a jamais vu auparavant. Une IA fonctionne de manière similaire : exposée à des milliers d'images de chats, elle "apprend" ce qu'est un chat et peut ensuite en reconnaître dans de nouvelles images.

Programme informatique traditionnel	Système d'IA
Suit des règles prédéfinies	Apprend des patterns à partir de données
Ne s'améliore pas avec l'expérience	S'améliore avec plus d'exemples et de feedback
Limité aux situations prévues par le programmeur	Peut s'adapter à des situations nouvelles (dans certaines limites)
Réagit toujours de la même façon aux mêmes entrées	Peut évoluer dans ses réponses au fil du temps

L'intelligence artificielle n'est pas un outil unique, mais plutôt un ensemble de techniques et d'approches différentes. Comme une boîte à outils, elle contient différents instruments adaptés à différentes tâches. Certains outils sont simples et spécialisés (comme la reconnaissance de texte), d'autres sont plus sophistiqués et polyvalents (comme les assistants virtuels qui peuvent répondre à une variété de questions).

À RETENIR : L'IA actuelle est dite "étroite" ou "faible". Cela signifie qu'elle excelle dans des tâches spécifiques, mais n'a pas de compréhension générale du monde comme les humains. Elle peut être extraordinairement performante pour traduire des textes ou jouer aux échecs, mais ne "comprend" pas vraiment ce qu'elle fait. Elle n'a ni conscience, ni émotions, ni désirs propres - contrairement à ce que suggèrent parfois les œuvres de fiction.

Bref historique : des premiers rêves à aujourd'hui

L'idée de créer des machines intelligentes n'est pas nouvelle. Elle a traversé les siècles, prenant différentes formes selon les époques.

Les racines anciennes (avant 1950)

L'humanité a toujours été fascinée par l'idée de créer des êtres artificiels dotés d'intelligence. Dans la mythologie grecque, Héphaïstos fabriquait des serviteurs mécaniques. Au 13ème siècle, le philosophe catalan Ramon Llull imaginait des machines capables de combiner des concepts pour générer de nouvelles idées. Au 17ème siècle, Gottfried Wilhelm Leibniz et Blaise Pascal concevaient des calculatrices mécaniques.

La véritable naissance de l'informatique moderne remonte aux travaux d'Alan Turing pendant la Seconde Guerre mondiale. En 1950, Turing propose un test devenu célèbre : si un humain conversant avec une machine ne peut déterminer s'il s'agit d'une machine ou d'un autre humain, alors la machine peut être considérée comme "intelligente". Ce "Test de Turing" reste un jalon conceptuel important.

Les premiers pas (1950-1980)

En 1956, le terme "intelligence artificielle" est officiellement adopté lors d'une conférence à Dartmouth College. Les pionniers comme John McCarthy, Marvin Minsky, Allen Newell et Herbert

Simon sont optimistes : ils pensent créer des machines véritablement intelligentes en quelques décennies.

Les premiers systèmes d'IA sont des programmes de résolution de problèmes et des "systèmes experts" qui codifient les connaissances humaines sous forme de règles logiques. Ils connaissent des succès limités mais prometteurs.

Cependant, les difficultés s'avèrent plus grandes que prévu. Les limitations en puissance de calcul et en données, ainsi que la complexité insoupçonnée de certains problèmes, conduisent à des périodes de désillusion appelées "hivers de l'IA" dans les années 1970 et 1980.

La renaissance par l'apprentissage (1980-2010)

Plutôt que de programmer explicitement toutes les règles, une nouvelle approche émerge : permettre aux machines d'apprendre à partir de données. C'est l'essor du "machine learning" (apprentissage automatique). Les systèmes deviennent capables d'identifier des patterns et de faire des prédictions après avoir été exposés à de nombreux exemples.

Des avancées significatives dans des domaines comme la reconnaissance vocale et la vision par ordinateur sont réalisées, mais ces technologies restent encore relativement limitées et souvent confinées aux laboratoires de recherche.

La révolution du deep learning (2010 à aujourd'hui)

Trois ingrédients se combinent pour créer une véritable révolution :

1. **L'explosion de la quantité de données disponibles** (grâce à internet)

2. **L'augmentation massive de la puissance de calcul** (avec notamment les processeurs graphiques)
3. **Le perfectionnement d'algorithmes s'inspirant du fonctionnement du cerveau humain**, appelés "réseaux de neurones profonds" (deep learning)

EN PRATIQUE ▦

Votre smartphone possède aujourd'hui plus de puissance de calcul que les ordinateurs qui ont permis d'envoyer les premiers hommes sur la Lune. Cette puissance, combinée aux données que nous générons quotidiennement, a rendu possible la révolution actuelle de l'IA.

Cette combinaison permet des percées spectaculaires. En 2012, un système de deep learning surpasse largement les méthodes traditionnelles dans un concours de reconnaissance d'images. En 2016, le programme AlphaGo bat le champion du monde du jeu de Go, un exploit jugé impossible quelques années plus tôt. À partir de 2018, des modèles de langage comme GPT montrent des capacités impressionnantes à générer et comprendre des textes.

Ces dernières années, nous avons vu émerger des systèmes d'IA capables de générer des images réalistes à partir de descriptions textuelles, de créer des compositions musicales, de converser de manière naturelle, ou encore d'aider à la découverte scientifique.

L'IA dans notre quotidien : exemples concrets

L'intelligence artificielle peut sembler abstraite, mais elle est déjà profondément intégrée dans notre vie quotidienne, souvent sans même que nous en ayons conscience.

Sur votre smartphone

Votre téléphone est probablement l'endroit où vous interagissez le plus avec l'IA :

- **La reconnaissance faciale** qui déverrouille votre écran identifie vos traits uniques.
- **L'assistant vocal** (Siri, Google Assistant) qui répond à vos questions utilise la reconnaissance vocale et le traitement du langage naturel.
- **L'appareil photo** améliore automatiquement vos photos grâce à des algorithmes qui détectent les visages, optimisent l'éclairage et peuvent même créer des effets artistiques.
- **Le clavier prédictif** suggère le prochain mot que vous pourriez taper en se basant sur vos habitudes d'écriture.
- **Les applications de navigation** comme Google Maps utilisent l'IA pour prédire le trafic et suggérer les meilleurs itinéraires.

Dans vos loisirs et consommation

- **Les plateformes de streaming** comme Netflix ou Spotify analysent vos préférences pour vous recommander des films, séries ou chansons.
- **Les filtres photos** sur les réseaux sociaux utilisent la reconnaissance faciale pour ajouter des effets amusants.
- **Les boutiques en ligne** personnalisent les produits affichés selon vos précédents achats et recherches.
- **Les jeux vidéo** utilisent l'IA pour créer des personnages non-joueurs qui réagissent de façon réaliste à vos actions.
- **Les traducteurs automatiques** comme Google Translate peuvent désormais traduire instantanément des textes et même des conversations en temps réel.

EXPÉRIENCE À TENTER ⌕

La prochaine fois que vous ouvrez Netflix ou Spotify, prenez un moment pour observer les recommandations qui vous sont faites. Essayez de comprendre pourquoi ces contenus particuliers vous sont suggérés. Sont-ils similaires à ce que vous avez déjà consommé ? Reflètent-ils vos goûts avec précision ? Cette simple observation vous fera prendre conscience de l'IA qui travaille en arrière-plan pour personnaliser votre expérience.

Dans la société et les services

- **Les banques** utilisent l'IA pour détecter les transactions frauduleuses sur votre carte bancaire.
- **Les hôpitaux** commencent à utiliser l'IA pour analyser des images médicales et aider au diagnostic de certaines maladies.
- **Les agriculteurs** peuvent employer des systèmes intelligents pour optimiser l'irrigation et les traitements de leurs cultures.
- **Les services météorologiques** utilisent l'IA pour améliorer la précision des prévisions.
- **Les villes intelligentes** optimisent la circulation, l'éclairage public ou la collecte des déchets grâce à des systèmes basés sur l'IA.

Dans le monde professionnel

- **Les logiciels de recrutement** filtrent les CV et identifient les candidats potentiels.
- **Les outils d'aide à la rédaction** suggèrent des corrections ou améliorations de texte.
- **Les systèmes de service client automatisés** répondent aux questions fréquentes via des chatbots.
- **Les logiciels de conception** suggèrent des designs optimisés dans l'ingénierie ou l'architecture.

- **Les outils d'analyse de données** identifient des tendances invisibles à l'œil humain dans des masses d'informations.

Domaine	Applications de l'IA	Impact
Santé	Détection précoce de maladies, analyse d'images médicales, découverte de médicaments	Diagnostics plus précis, traitements personnalisés
Transport	Navigation, estimation du trafic, véhicules autonomes	Réduction des embouteillages, sécurité accrue
Commerce	Recommandations personnalisées, prévision des tendances	Expérience d'achat sur mesure, gestion optimisée des stocks
Éducation	Tutorat adaptatif, identification des difficultés d'apprentissage	Enseignement personnalisé aux besoins de chaque élève
Environnement	Prévisions météo, optimisation énergétique, surveillance des écosystèmes	Meilleure gestion des ressources, protection de la biodiversité

Ces exemples ne sont que la partie visible de l'iceberg. L'IA travaille souvent en coulisses, améliorant subtilement les produits et services que nous utilisons. Elle n'est ni aussi spectaculaire que dans les films de science-fiction, ni aussi omniprésente que certains le craignent, mais elle est indéniablement devenue une technologie qui façonne notre quotidien.

POINT ÉTHIQUE ⚖

Si l'IA est déjà omniprésente dans notre quotidien, elle soulève aussi d'importantes questions : Qui contrôle ces technologies ? Comment préserver notre vie privée ? Les bénéfices sont-ils équitablement répartis ? Nous aborderons ces enjeux cruciaux dans les chapitres suivants.

Cette intégration progressive soulève d'importantes questions sur notre relation à la technologie, notre vie privée, et l'avenir du travail - des sujets que nous explorerons dans les chapitres suivants. Mais avant tout, il est essentiel de comprendre comment ces systèmes "intelligents" fonctionnent réellement, ce que nous verrons dans le prochain chapitre.

Introduction : Qu'est-ce que l'intelligence artificielle ?

Définition simple et accessible

Si vous demandiez à dix personnes différentes de définir l'intelligence artificielle, vous obtiendriez probablement dix réponses différentes. Pour certains, c'est le robot humanoïde des films de science-fiction. Pour d'autres, c'est l'assistant vocal qui répond à leurs questions. D'autres encore pourraient évoquer des algorithmes complexes ou des systèmes qui battent les humains aux échecs.

En réalité, l'intelligence artificielle est un peu tout cela, mais elle peut se définir simplement comme :

Des systèmes informatiques capables d'accomplir des tâches qui, traditionnellement, nécessitaient l'intelligence humaine.

Ces tâches incluent la reconnaissance d'images, la compréhension du langage, la prise de décision, ou encore la résolution de problèmes. Contrairement aux programmes informatiques classiques qui suivent des instructions précises et prédéfinies, l'IA peut "apprendre" de ses expériences et s'améliorer au fil du temps.

Pour mieux comprendre : l'analogie de l'enfant

Imaginez un enfant qui apprend à reconnaître un chat : après avoir vu plusieurs chats, il sera capable d'en identifier un nouveau, même s'il ne l'a jamais vu auparavant. Une IA fonctionne de manière similaire : exposée à des milliers d'images de chats, elle "apprend" ce qu'est un chat et peut ensuite en reconnaître dans de nouvelles images.

Programme informatique traditionnel	Système d'IA
Suit des règles prédéfinies	Apprend des patterns à partir de données
Ne s'améliore pas avec l'expérience	S'améliore avec plus d'exemples et de feedback
Limité aux situations prévues par le programmeur	Peut s'adapter à des situations nouvelles (dans certaines limites)
Réagit toujours de la même façon aux mêmes entrées	Peut évoluer dans ses réponses au fil du temps

L'intelligence artificielle n'est pas un outil unique, mais plutôt un ensemble de techniques et d'approches différentes. Comme une boîte à outils, elle contient différents instruments adaptés à différentes tâches. Certains outils sont simples et spécialisés (comme la reconnaissance de texte), d'autres sont plus sophistiqués et polyvalents (comme les assistants virtuels qui peuvent répondre à une variété de questions).

À RETENIR : L'IA actuelle est dite "étroite" ou "faible". Cela signifie qu'elle excelle dans des tâches spécifiques, mais n'a pas de compréhension générale du monde comme les humains. Elle peut être extraordinairement performante pour traduire des textes ou jouer aux échecs, mais ne "comprend" pas vraiment ce qu'elle fait. Elle n'a ni conscience, ni émotions, ni désirs propres - contrairement à ce que suggèrent parfois les œuvres de fiction.

Bref historique : des premiers rêves à aujourd'hui

L'idée de créer des machines intelligentes n'est pas nouvelle. Elle a traversé les siècles, prenant différentes formes selon les époques.

Les racines anciennes (avant 1950)

L'humanité a toujours été fascinée par l'idée de créer des êtres artificiels dotés d'intelligence. Dans la mythologie grecque, Héphaïstos fabriquait des serviteurs mécaniques. Au 13ème siècle, le philosophe catalan Ramon Llull imaginait des machines capables de combiner des concepts pour générer de nouvelles idées. Au 17ème siècle, Gottfried Wilhelm Leibniz et Blaise Pascal concevaient des calculatrices mécaniques.

La véritable naissance de l'informatique moderne remonte aux travaux d'Alan Turing pendant la Seconde Guerre mondiale. En 1950, Turing propose un test devenu célèbre : si un humain conversant avec une machine ne peut déterminer s'il s'agit d'une machine ou d'un autre humain, alors la machine peut être considérée comme "intelligente". Ce "Test de Turing" reste un jalon conceptuel important.

Les premiers pas (1950-1980)

En 1956, le terme "intelligence artificielle" est officiellement adopté lors d'une conférence à Dartmouth College. Les pionniers comme John McCarthy, Marvin Minsky, Allen Newell et Herbert Simon sont optimistes : ils pensent créer des machines véritablement intelligentes en quelques décennies.

Les premiers systèmes d'IA sont des programmes de résolution de problèmes et des "systèmes experts" qui codifient les connaissances humaines sous forme de règles logiques. Ils connaissent des succès limités mais prometteurs.

Cependant, les difficultés s'avèrent plus grandes que prévu. Les limitations en puissance de calcul et en données, ainsi que la complexité insoupçonnée de certains problèmes, conduisent à des périodes de désillusion appelées "hivers de l'IA" dans les années 1970 et 1980.

HISTOIRE VÉCUE

En 1997, le superordinateur Deep Blue d'IBM bat le champion du monde d'échecs Garry Kasparov. Cette victoire historique a marqué l'imaginaire collectif. Pourtant, Deep Blue n'était pas une IA comme on l'entend aujourd'hui : il s'appuyait principalement sur sa puissance de calcul brute pour évaluer des millions de positions possibles, plutôt que sur un véritable "apprentissage". C'est un exemple intéressant de ce que les gens considèrent souvent comme de "l'intelligence artificielle", alors qu'il s'agit en réalité d'une approche algorithmique traditionnelle très optimisée.

La renaissance par l'apprentissage (1980-2010)

Plutôt que de programmer explicitement toutes les règles, une nouvelle approche émerge : permettre aux machines d'apprendre à partir de données. C'est l'essor du "machine learning" (apprentissage automatique). Les systèmes deviennent capables d'identifier des patterns et de faire des prédictions après avoir été exposés à de nombreux exemples.

Des avancées significatives dans des domaines comme la reconnaissance vocale et la vision par ordinateur sont réalisées, mais ces technologies restent encore relativement limitées et souvent confinées aux laboratoires de recherche.

La révolution du deep learning (2010 à aujourd'hui)

Trois ingrédients se combinent pour créer une véritable révolution :

1. **L'explosion de la quantité de données disponibles** (grâce à internet)
2. **L'augmentation massive de la puissance de calcul** (avec notamment les processeurs graphiques)
3. **Le perfectionnement d'algorithmes s'inspirant du fonctionnement du cerveau humain**, appelés "réseaux de neurones profonds" (deep learning)

EN PRATIQUE 📱

Votre smartphone possède aujourd'hui plus de puissance de calcul que les ordinateurs qui ont permis d'envoyer les premiers hommes sur la Lune. Cette puissance, combinée aux données que nous générons quotidiennement, a rendu possible la révolution actuelle de l'IA.

Cette combinaison permet des percées spectaculaires. En 2012, un système de deep learning surpasse largement les méthodes traditionnelles dans un concours de reconnaissance d'images. En 2016, le programme AlphaGo bat le champion du monde du jeu de Go, un exploit jugé impossible quelques années plus tôt. À partir de 2018, des modèles de langage comme GPT montrent des capacités impressionnantes à générer et comprendre des textes.

Ces dernières années, nous avons vu émerger des systèmes d'IA capables de générer des images réalistes à partir de descriptions textuelles, de créer des compositions musicales, de converser de manière naturelle, ou encore d'aider à la découverte scientifique.

L'IA dans notre quotidien : exemples concrets

L'intelligence artificielle peut sembler abstraite, mais elle est déjà profondément intégrée dans notre vie quotidienne, souvent sans même que nous en ayons conscience.

Sur votre smartphone

Votre téléphone est probablement l'endroit où vous interagissez le plus avec l'IA :

- **La reconnaissance faciale** qui déverrouille votre écran identifie vos traits uniques.
- **L'assistant vocal** (Siri, Google Assistant) qui répond à vos questions utilise la reconnaissance vocale et le traitement du langage naturel.
- **L'appareil photo** améliore automatiquement vos photos grâce à des algorithmes qui détectent les visages, optimisent l'éclairage et peuvent même créer des effets artistiques.
- **Le clavier prédictif** suggère le prochain mot que vous pourriez taper en se basant sur vos habitudes d'écriture.
- **Les applications de navigation** comme Google Maps utilisent l'IA pour prédire le trafic et suggérer les meilleurs itinéraires.

Dans vos loisirs et consommation

- **Les plateformes de streaming** comme Netflix ou Spotify analysent vos préférences pour vous recommander des films, séries ou chansons.
- **Les filtres photos** sur les réseaux sociaux utilisent la reconnaissance faciale pour ajouter des effets amusants.

- **Les boutiques en ligne** personnalisent les produits affichés selon vos précédents achats et recherches.
- **Les jeux vidéo** utilisent l'IA pour créer des personnages non-joueurs qui réagissent de façon réaliste à vos actions.
- **Les traducteurs automatiques** comme Google Translate peuvent désormais traduire instantanément des textes et même des conversations en temps réel.

EXPÉRIENCE À TENTER ⌕

La prochaine fois que vous ouvrez Netflix ou Spotify, prenez un moment pour observer les recommandations qui vous sont faites. Essayez de comprendre pourquoi ces contenus particuliers vous sont suggérés. Sont-ils similaires à ce que vous avez déjà consommé ? Reflètent-ils vos goûts avec précision ? Cette simple observation vous fera prendre conscience de l'IA qui travaille en arrière-plan pour personnaliser votre expérience.

Dans la société et les services

- **Les banques** utilisent l'IA pour détecter les transactions frauduleuses sur votre carte bancaire.
- **Les hôpitaux** commencent à utiliser l'IA pour analyser des images médicales et aider au diagnostic de certaines maladies.
- **Les agriculteurs** peuvent employer des systèmes intelligents pour optimiser l'irrigation et les traitements de leurs cultures.
- **Les services météorologiques** utilisent l'IA pour améliorer la précision des prévisions.
- **Les villes intelligentes** optimisent la circulation, l'éclairage public ou la collecte des déchets grâce à des systèmes basés sur l'IA.

Dans le monde professionnel

- **Les logiciels de recrutement** filtrent les CV et identifient les candidats potentiels.
- **Les outils d'aide à la rédaction** suggèrent des corrections ou améliorations de texte.
- **Les systèmes de service client automatisés** répondent aux questions fréquentes via des chatbots.
- **Les logiciels de conception** suggèrent des designs optimisés dans l'ingénierie ou l'architecture.
- **Les outils d'analyse de données** identifient des tendances invisibles à l'œil humain dans des masses d'informations.

Domaine	Applications de l'IA	Impact
Santé	Détection précoce de maladies, analyse d'images médicales, découverte de médicaments	Diagnostics plus précis, traitements personnalisés
Transport	Navigation, estimation du trafic, véhicules autonomes	Réduction des embouteillages, sécurité accrue
Commerce	Recommandations personnalisées, prévision des tendances	Expérience d'achat sur mesure, gestion optimisée des stocks
Éducation	Tutorat adaptatif, identification des difficultés d'apprentissage	Enseignement personnalisé aux besoins de chaque élève
Environnement	Prévisions météo, optimisation énergétique, surveillance des écosystèmes	Meilleure gestion des ressources, protection de la biodiversité

Ces exemples ne sont que la partie visible de l'iceberg. L'IA travaille souvent en coulisses, améliorant subtilement les produits et services que nous utilisons. Elle n'est ni aussi spectaculaire que dans les films de science-fiction, ni aussi omniprésente que certains le craignent, mais elle est indéniablement devenue une technologie qui façonne notre quotidien.

POINT ÉTHIQUE ⚖️

Si l'IA est déjà omniprésente dans notre quotidien, elle soulève aussi d'importantes questions : Qui contrôle ces technologies ? Comment préserver notre vie privée ? Les bénéfices sont-ils équitablement répartis ? Nous aborderons ces enjeux cruciaux dans les chapitres suivants.

La journée type avec l'IA

Pour mieux comprendre à quel point l'IA est présente dans notre quotidien, suivons Marie, une cadre de 42 ans, tout au long de sa journée :

7h00 - Le réveil intelligent de Marie s'ajuste en fonction de son cycle de sommeil détecté par son bracelet connecté. Il a choisi le moment optimal pour la réveiller, quand elle était en phase de sommeil léger.

7h15 - Pendant qu'elle prend son petit-déjeuner, Marie demande à son enceinte connectée de lui résumer les actualités du jour. L'assistant vocal sélectionne des informations en fonction de ses centres d'intérêt habituels.

7h45 - En partant au travail, Marie consulte son application de navigation qui lui suggère un itinéraire alternatif pour éviter un embouteillage détecté en temps réel.

9h30 - Au bureau, Marie utilise un logiciel qui transcrit automatiquement sa réunion et en fait un résumé des points clés.

12h00 - Pour le déjeuner, elle utilise une application qui lui recommande un restaurant en fonction de ses préférences alimentaires et des avis d'autres utilisateurs.

14h00 - Marie reçoit une alerte de sa banque concernant une transaction inhabituelle sur sa carte. Le système de détection de fraude a identifié un schéma suspect.

17h30 - Sur le chemin du retour, elle écoute des chansons recommandées par son application de streaming musical, qui a appris ses goûts musicaux au fil du temps.

19h00 - À la maison, Marie parcourt les suggestions de films sur sa plateforme de streaming, personnalisées selon son historique de visionnage.

22h00 - Avant de se coucher, elle règle son thermostat intelligent qui ajustera automatiquement la température pendant la nuit pour optimiser son confort et son sommeil.

Dans cette journée ordinaire, Marie a interagi avec plus d'une dizaine de systèmes d'IA différents, souvent sans même s'en rendre compte.

Démêler le mythe de la réalité

Malgré sa présence croissante dans notre quotidien, l'IA reste entourée de nombreux mythes et idées fausses, alimentés en partie par la science-fiction et les médias.

Ce que l'IA n'est PAS (encore)

- **Une intelligence consciente** - Les systèmes d'IA actuels n'ont pas de conscience de soi, d'émotions ou de compréhension au sens humain du terme.
- **Une menace existentielle immédiate** - Contrairement à certains scénarios de films, l'IA n'est pas sur le point de "prendre le contrôle" ou de développer des motivations malveillantes envers l'humanité.
- **Un remplacement total pour l'intelligence humaine** - L'IA excelle dans des domaines spécifiques mais manque de la polyvalence, du jugement contextuel et de l'intelligence émotionnelle propres aux humains.
- **Une solution magique à tous les problèmes** - Malgré ses capacités impressionnantes, l'IA a des limites claires et ne peut pas résoudre tous les problèmes complexes auxquels nous sommes confrontés.

La réalité : une technologie puissante mais limitée

L'IA actuelle est mieux comprise comme un ensemble d'outils sophistiqués qui peuvent:

- Reconnaître des patterns dans de grandes quantités de données
- Automatiser certaines tâches répétitives ou prévisibles
- Aider à la prise de décision en fournissant des analyses et des prédictions
- Améliorer progressivement ses performances avec plus de données et de feedback

Mais elle reste fondamentalement dépendante des données sur lesquelles elle a été entraînée, et ne possède pas de compréhension profonde ou de jugement autonome.

PENSÉE CRITIQUE ☐

La prochaine fois que vous entendez parler d'une nouvelle avancée en IA dans les médias, posez-vous ces questions : Que peut réellement faire ce système ? Dans quelles conditions fonctionne-t-il ? Quelles sont ses limites ? Cela vous aidera à développer une vision plus nuancée de ces technologies, au-delà du sensationnalisme.

Vers une compréhension plus profonde

Cette introduction nous a permis de définir l'IA, de retracer brièvement son histoire et d'explorer sa présence dans notre quotidien. Nous avons vu que l'intelligence artificielle, loin d'être une entité mystérieuse et futuriste, est déjà une réalité qui façonne subtilement notre monde.

Dans les chapitres suivants, nous plongerons plus profondément dans le fonctionnement de ces technologies. Nous verrons comment elles "apprennent", quels sont les différents types d'IA, et comment elles sont utilisées dans divers domaines.

Nous explorerons également les questions éthiques et sociales qu'elles soulèvent, et vous donnerons des outils pratiques pour interagir efficacement avec ces systèmes tout en protégeant votre vie privée.

Questions de réflexion pour conclure ce chapitre:

1. Avez-vous identifié des systèmes d'IA dans votre propre quotidien que vous n'aviez pas remarqués auparavant?
2. Quels domaines de votre vie pourraient bénéficier le plus des avancées en intelligence artificielle?
3. Quelles questions ou préoccupations avez-vous concernant l'IA et son développement?

Mini-glossaire du chapitre:

- **Intelligence artificielle (IA)** : Systèmes informatiques capables d'accomplir des tâches qui nécessitent traditionnellement l'intelligence humaine.
- **Apprentissage automatique (Machine learning)** : Approche de l'IA permettant aux systèmes d'apprendre à partir de données sans être explicitement programmés pour chaque situation.
- **Apprentissage profond (Deep learning)** : Technique d'apprentissage automatique utilisant des réseaux de neurones à plusieurs couches, particulièrement efficace pour la reconnaissance de patterns complexes.
- **IA étroite/faible** : Systèmes d'IA spécialisés dans des tâches spécifiques, sans conscience ou compréhension générale.
- **Big Data (Mégadonnées)** : Ensembles de données extrêmement volumineux qui servent de "carburant" aux systèmes d'IA modernes.

Chapitre 1 : Les bases de l'IA expliquées simplement

Comment "apprend" une intelligence artificielle

Quand on parle d'intelligence artificielle qui "apprend", cela peut sembler mystérieux, voire inquiétant. Pourtant, cet apprentissage n'a rien de magique et est très différent de l'apprentissage humain.

L'apprentissage par l'exemple

Imaginez que vous souhaitiez apprendre à un enfant à reconnaître un chat. Vous lui montrerez probablement plusieurs photos de chats, en lui disant chaque fois : "Ceci est un chat." Après avoir vu suffisamment d'exemples, l'enfant sera capable de reconnaître un nouveau chat qu'il n'a jamais vu auparavant.

L'intelligence artificielle apprend de façon similaire, mais de manière beaucoup plus mécanique. On lui montre des milliers, voire des millions d'exemples. Pour chaque exemple, on lui indique la bonne "réponse". Ce processus s'appelle **l'apprentissage supervisé**.

Prenons un exemple concret : pour créer un système qui détecte les courriels indésirables (spam), on lui présente de nombreux exemples de courriels, certains étant des spams, d'autres non. Pour chaque courriel, on indique au système s'il s'agit d'un spam ou non. Le système analyse alors les caractéristiques des courriels (mots utilisés, expéditeur, format, etc.) et commence à identifier des patterns -- des schémas récurrents.

Progressivement, il établit des associations : la présence de certains mots, une mise en forme particulière, ou d'autres caractéristiques qui sont souvent associées aux spams. Lorsqu'il reçoit un nouveau courriel, il peut alors prédire s'il s'agit d'un spam en se basant sur ce qu'il a "appris".

EN PRATIQUE ✉@

Examinez votre dossier de courriels indésirables. Observez les caractéristiques communes : mots fréquemment utilisés, particularités de mise en forme, origines des messages. Vous êtes en train de faire naturellement ce qu'un algorithme de détection de spam fait de manière automatisée, mais à une échelle bien plus grande.

L'apprentissage par essai-erreur

Une autre façon d'apprendre pour l'IA est l'**apprentissage par renforcement**. Imaginez que vous appreniez à un chien à faire un tour : vous le récompensez quand il réussit, et vous ne donnez rien quand il échoue.

De manière similaire, un système d'IA peut apprendre à jouer à un jeu vidéo. Au début, il fait des mouvements aléatoires. Chaque fois qu'il gagne des points, le système "retient" que l'action qui a mené à ce résultat était bonne. À l'inverse, perdre des points lui indique une mauvaise action. Petit à petit, sans qu'on lui explique les règles du jeu, il apprend à jouer de mieux en mieux.

C'est ainsi que des systèmes comme AlphaGo ont appris à jouer au jeu de Go à un niveau surhumain : en jouant des millions de parties contre eux-mêmes, apprenant progressivement les stratégies qui mènent à la victoire.

Apprentissage humain	Apprentissage machine
Implique compréhension et conscience	Purement statistique et calculatoire
Nécessite relativement peu d'exemples	Requiert généralement d'énormes quantités de données
Transfert facilement les connaissances entre domaines	Peine à généraliser hors de son domaine d'entraînement
S'appuie sur l'expérience sensorielle complète	Se base uniquement sur les données fournies
Intègre contexte social et culturel	Ne "comprend" pas le contexte au sens humain

L'apprentissage non supervisé

Il existe aussi un troisième type d'apprentissage, dit "**non supervisé**", où l'on donne simplement des données à l'IA sans lui indiquer les "bonnes réponses". Son objectif est alors de découvrir par elle-même des structures ou des groupes dans ces données.

Par exemple, si on lui donne les données d'achat d'un supermarché, elle pourrait identifier des groupes de clients aux comportements d'achat similaires, sans qu'on lui ait dit au préalable quels groupes chercher.

EXEMPLE CONCRET ☐

Un supermarché utilise l'apprentissage non supervisé pour analyser les tickets de caisse. Le système découvre que les clients qui achètent des couches pour bébés achètent aussi souvent de la bière le vendredi soir. Cette corrélation inattendue (les jeunes parents faisant leurs courses en fin de semaine) permet au magasin d'adapter son merchandising. L'IA a trouvé ce pattern sans qu'on lui ait demandé spécifiquement de le chercher.

Les limites de cet "apprentissage"

Il est essentiel de comprendre que l'IA n'"apprend" pas comme nous. Elle ne comprend pas ce qu'elle fait. Elle détecte des patterns statistiques, établit des corrélations, optimise des paramètres pour minimiser les erreurs -- mais elle n'a pas de compréhension profonde ou de conscience de ce qu'elle fait.

C'est comme si vous mémorisiez parfaitement un texte dans une langue que vous ne comprenez pas : vous pourriez le réciter impeccablement, peut-être même répondre à certaines questions standard, mais sans en saisir le sens.

Cette différence fondamentale explique pourquoi l'IA peut faire des erreurs qui sembleraient absurdes à un humain, ou pourquoi elle ne peut pas facilement transférer ses "connaissances" d'un domaine à un autre sans être spécifiquement entraînée pour cela.

La différence entre IA, machine learning et deep learning

Vous avez probablement entendu ces trois termes -- intelligence artificielle, machine learning et deep learning -- parfois utilisés de façon interchangeable. Pourtant, ils désignent des concepts différents, liés entre eux comme des poupées russes.

L'intelligence artificielle : le concept global

L'intelligence artificielle est le terme le plus large. Il englobe toutes les techniques visant à permettre aux machines d'imiter ou de reproduire certains aspects de l'intelligence humaine.

C'est un domaine très vaste qui existe depuis les années 1950. Les premiers systèmes d'IA fonctionnaient souvent avec des règles programmées explicitement par des humains. Par exemple, un programme d'échecs pourrait contenir des règles comme "si la reine est menacée et qu'elle peut se déplacer en sécurité, alors déplace la reine".

Ces systèmes à base de règles -- qu'on appelle parfois des **"systèmes experts"** -- sont efficaces pour des problèmes bien définis, mais ils s'adaptent mal à des situations nouvelles et nécessitent beaucoup de travail humain pour établir toutes les règles nécessaires.

POINT HISTORIQUE 📚

L'un des premiers systèmes experts célèbres était MYCIN, développé dans les années 1970 pour aider au diagnostic des infections sanguines. Il contenait environ 600 règles du type "SI symptôme X ET test Y positif ALORS considérer la bactérie Z". MYCIN était remarquablement précis pour son époque, mais ne pouvait pas apprendre de nouvelles règles par lui-même.

Le machine learning : apprendre des données

Au sein de l'IA, le machine learning (apprentissage automatique) est une approche plus spécifique. Au lieu de programmer explicitement toutes les règles, on "entraîne" le système avec des données, comme nous l'avons vu précédemment.

Pour reprendre notre exemple des échecs, un système de machine learning n'aurait pas besoin qu'on lui programme la règle "protège ta reine". À la place, en analysant des milliers de parties d'échecs, il pourrait identifier par lui-même que les joueurs qui protègent efficacement leur reine ont tendance à gagner plus souvent.

Les algorithmes de machine learning traditionnels comprennent des méthodes comme :

- Les arbres de décision (qui construisent un "arbre" de choix possibles)
- Les machines à vecteurs de support (qui classifient les données en traçant des lignes de séparation optimales)
- Les algorithmes de régression (qui modélisent les relations entre variables)

Ces méthodes sont particulièrement efficaces quand les données ont une structure relativement simple et que les caractéristiques pertinentes (ce qu'il faut "regarder" dans les données) sont connues.

Le deep learning : s'inspirer du cerveau

Le deep learning (apprentissage profond) est un sous-ensemble du machine learning, qui utilise des structures particulières appelées **réseaux de neurones artificiels**, inspirées de façon très simplifiée du fonctionnement du cerveau humain.

Ces réseaux sont composés de couches de "neurones" artificiels. Chaque neurone reçoit des entrées, effectue un calcul simple, et produit une sortie qui peut servir d'entrée à d'autres neurones. La force des connexions entre neurones (appelées "poids") est ajustée pendant l'apprentissage.

Ce qui distingue le deep learning, c'est que ces réseaux comportent de nombreuses couches (d'où le terme "profond"). Cette profondeur permet au système d'apprendre des représentations de plus en plus abstraites des données.

Par exemple, pour reconnaître un visage dans une image, les premières couches pourraient détecter des lignes et des bords simples, les couches intermédiaires assembleraient ces éléments en formes comme des yeux ou un nez, et les couches finales combineraient ces éléments pour reconnaître un visage complet.

Le deep learning a révolutionné des domaines comme la reconnaissance d'images, la traduction automatique ou la génération de texte, atteignant des performances qui semblaient inaccessibles il y a seulement dix ans.

EXPÉRIENCE INTERACTIVE □□

Visitez le site "Teachable Machine" de Google (teachablemachine.withgoogle.com). Cette plateforme simple vous permet de créer votre propre modèle de deep learning pour reconnaître des images, des sons ou des poses, directement dans votre navigateur et sans programmation. C'est une excellente façon de comprendre intuitivement comment ces systèmes apprennent à partir d'exemples.

Une analogie pour mieux comprendre

Pour résumer ces différences, imaginons que nous voulions créer un système pour reconnaître des chiens dans des photos :

- Avec l'IA traditionnelle à base de règles, nous définirions explicitement ce qu'est un chien : "Un animal à quatre pattes, avec une queue, des oreilles qui peuvent être pointues ou tombantes, etc."
- Avec le machine learning classique, nous extrairions manuellement certaines caractéristiques des images (comme la forme des oreilles, la présence d'une queue) et entraînerions un algorithme à classifier les images à partir de ces caractéristiques.
- Avec le deep learning, nous donnerions simplement des milliers d'images étiquetées "chien" ou "pas chien", et le réseau de neurones apprendrait à la fois quelles caractéristiques sont importantes et comment les utiliser pour la classification.

Approche	Avantages	Inconvénients
IA à base de règles	- Transparente et explicable - Peut fonctionner avec peu de données - Contrôle précis du comportement	- Difficulté à gérer des situations complexes - Nécessite une expertise humaine pour définir les règles - Adaptation limitée à de nouvelles situations
Machine learning classique	- Plus adaptable que les systèmes à règles - Relativement transparent/interprétable - Moins gourmand en données que le deep learning	- Nécessite une ingénierie manuelle des caractéristiques - Performance limitée sur des données complexes (images, son) - Atteint un plafond de performance
Deep learning	- Peut traiter des données très complexes - Découvre automatiquement les caractéristiques pertinentes - Performances supérieures pour de nombreuses tâches	- Nécessite d'énormes quantités de données - Fonctionne comme une "boîte noire" difficile à interpréter - Gourmand en ressources de calcul

Les données : le carburant de l'IA

Si les algorithmes sont le moteur de l'intelligence artificielle, les données en sont le carburant. Sans données, les méthodes modernes d'IA, particulièrement le machine learning et le deep learning, ne peuvent tout simplement pas fonctionner.

Pourquoi les données sont-elles si importantes ?

L'apprentissage automatique repose sur un principe fondamental : extraire des patterns (des motifs récurrents) à partir de données existantes pour faire des prédictions sur de nouvelles données.

Plus le système a d'exemples à analyser, plus il peut identifier des patterns subtils et faire des prédictions précises. C'est pourquoi on parle souvent de **"big data"** (mégadonnées) en association avec l'IA.

Pour illustrer cela, imaginez que vous essayez d'apprendre une langue étrangère :

- Avec seulement 10 phrases d'exemple, vous pourriez mémoriser ces phrases, mais vous auriez du mal à formuler de nouvelles phrases.
- Avec 1 000 phrases, vous commenceriez à repérer des structures grammaticales et à constituer un vocabulaire de base.
- Avec des millions de phrases issues de livres, articles et conversations, vous pourriez développer une compréhension beaucoup plus nuancée de la langue.

Il en va de même pour l'IA : la quantité et la qualité des données déterminent largement ses performances.

Quels types de données utilise l'IA ?

L'IA peut utiliser une variété impressionnante de données :

- **Textes** : livres, articles, sites web, messages sur les réseaux sociaux, emails...
- **Images** : photos, illustrations, radiographies médicales, images satellites...
- **Sons** : parole, musique, bruits environnementaux...
- **Vidéos** : combinant images en mouvement et son
- **Données structurées** : tableaux de chiffres, bases de données
- **Données de capteurs** : température, pression, mouvement, localisation GPS...
- **Données comportementales** : clics sur un site web, parcours d'achat, temps passé sur une page...

Cette diversité explique pourquoi l'IA peut aujourd'hui s'appliquer à tant de domaines différents.

CONCRÈTEMENT 🔢

Pour entraîner les grands modèles de langage comme GPT ou Claude, les chercheurs ont utilisé des centaines de milliards de mots provenant de livres, articles, sites web et autres textes. Pour mettre cela en perspective, une personne qui lirait 8 heures par jour, tous les jours, à un rythme soutenu, mettrait plus de 60 ans à lire cette quantité de texte.

La qualité des données : un enjeu crucial

La maxime "garbage in, garbage out" (déchets en entrée, déchets en sortie) s'applique parfaitement à l'IA. Si les données d'entraînement sont de mauvaise qualité, inexactes ou biaisées, le système apprendra ces mêmes défauts.

Quelques problèmes courants liés aux données incluent :

- **Les données incomplètes** : manque d'informations sur certaines catégories ou situations
- **Les données biaisées** : surreprésentation ou sous-représentation de certains groupes
- **Les données bruitées** : erreurs, inexactitudes, valeurs aberrantes
- **Les données non représentatives** : qui ne reflètent pas bien le monde réel

Ces problèmes peuvent avoir des conséquences graves. Par exemple, un système de recrutement entraîné sur des données historiques biaisées (où certains groupes étaient discriminés) pourrait perpétuer cette discrimination.

C'est pourquoi la préparation et le "nettoyage" des données sont des étapes essentielles dans tout projet d'IA, souvent plus longues et complexes que la création de l'algorithme lui-même.

L'explosion des données disponibles

La révolution actuelle de l'IA n'aurait pas été possible sans l'explosion de la quantité de données disponibles. Chaque jour, nous générons collectivement environ 2,5 quintillions d'octets de données (c'est 2,5 suivi de 18 zéros !).

Ces données proviennent de multiples sources :

- Internet et les réseaux sociaux
- Les appareils connectés et l'Internet des objets
- Les transactions commerciales
- Les capteurs industriels
- Les équipements scientifiques et médicaux
- Les services publics et gouvernementaux

Cette abondance de données, combinée à l'augmentation massive de la puissance de calcul disponible, a permis l'essor spectaculaire du deep learning depuis le début des années 2010.

Les défis éthiques liés aux données

Cette utilisation massive de données soulève d'importantes questions éthiques et sociétales :

- **La vie privée** : beaucoup de données utilisées contiennent des informations personnelles.
- **Le consentement** : les personnes dont les données sont utilisées ont-elles vraiment consenti à cet usage ?
- **La propriété** : à qui appartiennent les données et les insights tirés de ces données ?
- **La sécurité** : comment protéger ces vastes collections de données contre les piratages ?
- **La transparence** : les personnes savent-elles quelles données sont collectées et comment elles sont utilisées ?

Ces questions ne sont pas simplement techniques, mais aussi légales, éthiques et politiques. Elles font l'objet de débats intenses et de nouvelles réglementations comme le Règlement Général sur la Protection des Données (RGPD) en Europe.

POINT ÉTHIQUE ⚖️

Imaginez que votre visage fasse partie des millions utilisés pour entraîner un système de reconnaissance faciale sans votre consentement explicite. Ce système pourrait ensuite être vendu à des entreprises ou des gouvernements pour de la surveillance. Cette situation, loin d'être hypothétique, illustre les enjeux éthiques liés à la collecte et l'utilisation des données personnelles pour l'IA.

L'avenir : vers des IA qui apprennent avec moins de données ?

Face aux défis liés à la collecte et à l'utilisation massive de données, les chercheurs explorent des méthodes permettant aux systèmes d'IA d'apprendre avec moins de données :

- **L'apprentissage par transfert** : utiliser les connaissances acquises sur une tâche pour en accomplir une autre similaire
- **L'apprentissage few-shot** : apprendre à partir de quelques exemples seulement
- **L'apprentissage auto-supervisé** : apprendre sans étiquettes en trouvant des structures dans les données
- **La génération synthétique de données** : créer artificiellement des données d'entraînement

Ces approches pourraient rendre l'IA plus accessible dans des domaines où les données sont rares, coûteuses à obtenir, ou sensibles d'un point de vue éthique.

Le fonctionnement concret : un exemple pas à pas

Pour mieux comprendre comment l'IA fonctionne concrètement, suivons le processus de création et d'entraînement d'un système simple de reconnaissance d'images pour distinguer les chiens des chats.

Étape 1 : Collecte des données

Notre première tâche consiste à rassembler de nombreuses images de chiens et de chats. Idéalement, nous avons besoin de :

- Des milliers d'images variées (différentes races, positions, éclairages)
- Des images correctement étiquetées ("chien" ou "chat")
- Une diversité représentative (ne pas avoir que des photos de bergers allemands et de siamois)

Étape 2 : Préparation des données

Avant d'utiliser ces images, nous devons les préparer :

- Redimensionner toutes les images à la même taille
- Normaliser les couleurs et la luminosité
- Diviser le jeu de données en trois parties :
  - Données d'entraînement (70-80%) : pour l'apprentissage proprement dit
  - Données de validation (10-15%) : pour ajuster les paramètres pendant l'entraînement
  - Données de test (10-15%) : pour évaluer les performances finales, jamais vues pendant l'entraînement

Étape 3 : Conception du modèle

Nous choisissons une architecture de réseau de neurones, par exemple un réseau convolutif (CNN) particulièrement adapté aux images :

- Couches d'entrée : reçoit les pixels de l'image
- Couches de convolution : détecte les contours, textures, formes
- Couches de pooling : réduit la dimension des données tout en préservant l'information importante
- Couches entièrement connectées : combine ces informations pour la décision finale
- Couche de sortie : donne une probabilité pour "chien" et pour "chat"

Étape 4 : Entraînement du modèle

C'est ici que l'apprentissage a réellement lieu :

1. Les images d'entraînement sont présentées au réseau
2. Le réseau fait une prédiction (initialement aléatoire)
3. L'erreur est calculée en comparant la prédiction à l'étiquette réelle
4. Les connexions entre neurones sont ajustées pour réduire cette erreur
5. Le processus est répété des milliers de fois avec toutes les images d'entraînement

Cette phase peut prendre des heures, voire des jours pour des modèles complexes.

Étape 5 : Validation et ajustements

Pendant l'entraînement, nous utilisons régulièrement les données de validation pour :

- Vérifier que le modèle ne fait pas simplement de la mémorisation (surapprentissage)
- Ajuster les hyperparamètres (taux d'apprentissage, taille des couches, etc.)
- Décider quand arrêter l'entraînement

Étape 6 : Évaluation des performances

Une fois l'entraînement terminé, nous testons le modèle sur les données de test jamais vues pour évaluer ses performances réelles :

- Précision globale (pourcentage de classifications correctes)
- Taux de faux positifs et faux négatifs

- Performance sur différentes sous-catégories (races de chiens/chats)

Étape 7 : Déploiement et utilisation

Enfin, le modèle est prêt à être utilisé :

- Il peut être intégré dans une application mobile
- Les utilisateurs peuvent télécharger de nouvelles images
- Le modèle prédira s'il s'agit d'un chien ou d'un chat avec un certain niveau de confiance

EN PRATIQUE 📷

Testons notre modèle imaginaire avec quelques cas intéressants :

- Une photo claire d'un labrador : identifié comme "chien" avec 99% de confiance.
- Une photo de chat persan dans l'ombre : identifié comme "chat" avec 92% de confiance.
- Une photo de chiot ressemblant à un chat : pourrait être confus, par exemple "chien" avec 60% de confiance.
- Une photo d'un renard : le modèle doit choisir entre "chien" et "chat" alors qu'aucune ne convient parfaitement. Il pourrait dire "chien" avec 70% de confiance.

Ce dernier exemple illustre une limitation importante : le modèle ne peut reconnaître que ce qu'il a appris à identifier. Si nous voulons qu'il reconnaisse d'autres animaux, nous devrons le réentraîner avec ces nouvelles catégories.

En résumé : les points essentiels à retenir

En résumé, comprendre les bases de l'IA nous montre qu'elle n'a rien de magique ou de mystérieux. Elle repose sur des principes statistiques et mathématiques, nécessite d'énormes quantités de données, et "apprend" d'une manière très différente de l'apprentissage humain.

Points clés à retenir :

1. **L'IA apprend par l'exemple**, en identifiant des patterns dans de grandes quantités de données, mais sans véritable compréhension.
2. **L'intelligence artificielle est un terme général** qui englobe de nombreuses approches, dont le machine learning (apprentissage automatique) et le deep learning (apprentissage profond).
3. **Les données sont le carburant de l'IA moderne** - leur qualité et leur quantité déterminent largement les performances des systèmes.
4. **L'IA actuelle est "étroite"** - excellente dans des domaines spécifiques mais dépourvue de compréhension générale ou de conscience.
5. **La création d'un système d'IA** suit un processus rigoureux : collecte de données, préparation, conception du modèle, entraînement, validation et déploiement.

Cette compréhension est essentielle pour démystifier l'IA, pour l'utiliser efficacement, mais aussi pour participer aux débats sur son développement et sa régulation. Dans le prochain chapitre, nous explorerons les différents types d'IA et leurs applications concrètes.

Questions de réflexion :

1. Comment l'approche d'apprentissage de l'IA diffère-t-elle fondamentalement de l'apprentissage humain?
2. Pourquoi la qualité des données est-elle si importante pour les systèmes d'IA?
3. Quels types de problèmes semblent mieux adaptés au deep learning qu'aux approches traditionnelles?
4. Comment pourriez-vous expliquer la différence entre IA, machine learning et deep learning à un ami qui n'a aucune connaissance technique?
5. Quelles questions éthiques vous semblent les plus importantes concernant la collecte et l'utilisation des données pour l'IA?

Mini-glossaire du chapitre :

- **Apprentissage supervisé** : Méthode d'entraînement où le système apprend à partir d'exemples étiquetés (données associées à la "bonne réponse").
- **Apprentissage par renforcement** : Méthode d'entraînement où le système apprend par essai-erreur, recevant des récompenses ou pénalités selon ses actions.
- **Apprentissage non supervisé** : Méthode d'entraînement où le système cherche des structures ou patterns dans des données non étiquetées.
- **Réseau de neurones** : Structure algorithmique inspirée du cerveau, composée d'unités de calcul interconnectées qui traitent l'information en couches successives.
- **Big data (mégadonnées)** : Ensembles de données extrêmement volumineux qui nécessitent des outils spécifiques pour être traités et analysés.
- **Surapprentissage (overfitting)** : Phénomène où un modèle d'IA "mémorise" les données d'entraînement au

lieu d'apprendre à généraliser, ce qui diminue ses performances sur de nouvelles données.

- **Système expert** : Système d'IA traditionnel utilisant des règles explicites définies par des experts humains, plutôt que l'apprentissage à partir de données.

Chapitre 2 : Les différents visages de l'IA

L'intelligence artificielle n'est pas une technologie monolithique. Elle se manifeste sous différentes formes, chacune ayant ses propres capacités, applications et défis. Dans ce chapitre, nous explorerons quatre grandes catégories de systèmes d'IA qui façonnent notre monde aujourd'hui : ceux qui reconnaissent, ceux qui prédisent, ceux qui créent, et ceux qui dialoguent.

L'IA qui reconnaît (images, sons, textes)

La reconnaissance de patterns (motifs) est l'une des capacités les plus fondamentales et les plus développées de l'IA moderne. Ces systèmes excellent à identifier et catégoriser ce qu'ils "voient", "entendent" ou "lisent".

La reconnaissance d'images

La vision par ordinateur permet aux machines d'extraire des informations à partir d'images ou de vidéos. Cette technologie a connu des progrès spectaculaires ces dernières années.

Comment ça marche ?

Imaginez que vous vouliez apprendre à un ordinateur à reconnaître un chat dans une photo. L'approche moderne consiste à utiliser un réseau de neurones profond (deep learning) et à lui montrer des milliers, voire des millions d'images de chats et d'autres objets.

Pendant l'entraînement, le réseau apprend progressivement à détecter des caractéristiques visuelles de plus en plus complexes :

1. D'abord des lignes et des contours simples
2. Puis des formes plus élaborées comme des yeux ou des oreilles
3. Enfin des concepts visuels complets comme "chat", "chien", ou "humain"

Contrairement aux méthodes traditionnelles où les programmeurs devaient spécifier explicitement ce qu'est un "œil de chat" ou une "oreille de chat", ces systèmes développent leurs propres représentations internes à partir des données.

ÉVOLUTION FASCINANTE 📈

En 2012, le meilleur système de reconnaissance d'images avait un taux d'erreur de 26% lors de la compétition ImageNet (identification de 1000 types d'objets). En 2020, ce taux était tombé à moins de 2%, dépassant la performance humaine moyenne estimée à 5%. Cette progression fulgurante illustre la révolution du deep learning en vision par ordinateur.

Applications concrètes

- **Déverrouillage par reconnaissance faciale** sur les smartphones
- **Tri automatique des photos** dans vos applications (par personnes, lieux, objets)
- **Diagnostic médical** à partir d'images comme des radiographies ou des IRM
- **Véhicules autonomes** qui détectent les piétons, les feux de signalisation et les autres véhicules
- **Contrôle de qualité industriel** qui repère automatiquement les défauts sur une chaîne de production

- **Applications de réalité augmentée** qui peuvent identifier des objets et afficher des informations sur eux

Une application particulièrement remarquable est la détection précoce de maladies. Par exemple, des systèmes de deep learning peuvent désormais détecter certains cancers de la peau à partir de photos, parfois avec une précision comparable ou supérieure à celle de dermatologues expérimentés.

Limites et défis

Malgré leurs impressionnantes capacités, ces systèmes ne "voient" pas comme nous. Ils peuvent être facilement trompés par des modifications subtiles invisibles à l'œil humain. Par exemple, des chercheurs ont montré qu'en modifiant quelques pixels d'une image de panda, un système pourrait la classer avec une grande confiance comme un "gibbon".

EXPÉRIENCE CONCRÈTE Q

Si vous avez un smartphone récent, ouvrez votre application photo et recherchez une fonctionnalité comme "recherche visuelle" ou "Google Lens". Prenez en photo un objet du quotidien et observez comment l'IA identifie l'objet et vous propose des informations connexes. Essayez ensuite avec un objet partiellement caché ou dans des conditions d'éclairage difficiles pour tester les limites du système.

Ces systèmes peuvent également perpétuer ou amplifier des biais présents dans les données d'entraînement. Si un système est principalement entraîné sur des visages de certains groupes ethniques, il pourrait moins bien fonctionner sur d'autres.

Défis de la reconnaissance d'images	Pistes d'amélioration
Sensibilité aux perturbations subtiles	Techniques de "robustification" comme l'augmentation de données
Difficultés dans des conditions inhabituelles (faible luminosité, angles inattendus)	Entraînement avec des données plus diversifiées
Biais dans la reconnaissance de certains groupes	Audit des données d'entraînement pour assurer la diversité et l'équité
Impossibilité d'expliquer ses décisions	Développement de modèles plus interprétables
Consommation énergétique élevée	Optimisation et compression des modèles

La reconnaissance vocale et sonore

La capacité à reconnaître et interpréter des sons, particulièrement la parole humaine, a transformé notre façon d'interagir avec la technologie.

Comment ça marche ?

La reconnaissance vocale convertit les ondes sonores en représentations numériques que l'ordinateur peut analyser. Les systèmes modernes utilisent généralement plusieurs étapes :

1. Capturer le son via un microphone
2. Découper le signal sonore en petits segments
3. Extraire des caractéristiques acoustiques de ces segments
4. Utiliser des réseaux de neurones pour identifier des phonèmes (sons élémentaires du langage)

5. Combiner ces phonèmes pour former des mots et des phrases
6. Appliquer des modèles de langage pour améliorer la précision en prenant en compte le contexte

Applications concrètes

- **Assistants vocaux** comme Siri, Google Assistant ou Alexa
- **Transcription automatique** de réunions ou d'interviews
- **Sous-titrage automatique** de vidéos
- **Reconnaissance d'émotions** basée sur le ton de la voix
- **Diagnostic médical** à partir de la voix (certaines conditions comme Parkinson peuvent affecter la parole)
- **Authentification biométrique** par la voix pour sécuriser des appareils ou services

Certaines applications de reconnaissance sonore vont au-delà de la parole. Des systèmes peuvent détecter des sons spécifiques comme du verre qui se brise pour des alarmes de sécurité, ou analyser les sons émis par des machines industrielles pour détecter des anomalies avant qu'elles ne causent des pannes.

EXEMPLE INNOVANT □

L'organisation Rainforest Connection utilise des téléphones recyclés équipés de panneaux solaires, installés dans les forêts tropicales. Ces appareils captent les sons ambiants, et une IA analyse en temps réel les flux audio pour détecter les bruits de tronçonneuses ou de véhicules. En cas de détection, une alerte est envoyée aux garde-forestiers, permettant d'intervenir rapidement contre l'exploitation forestière illégale. Ce système protège des milliers d'hectares de forêt et la biodiversité qu'ils abritent.

Limites et défis

Malgré des progrès importants, la reconnaissance vocale peut encore être mise en difficulté par :

- Des accents peu représentés dans les données d'entraînement
- Des environnements bruyants
- Le langage familier, les expressions idiomatiques ou l'argot
- Les personnes ayant des troubles de la parole

La diversité linguistique pose également un défi : les langues ayant moins de locuteurs ou de ressources disponibles bénéficient généralement de systèmes moins performants.

La reconnaissance et l'analyse de texte

La capacité à comprendre le langage écrit est fondamentale pour de nombreuses applications d'IA. Cette technologie est souvent appelée traitement du langage naturel (NLP).

Comment ça marche ?

Les systèmes modernes d'analyse de texte s'appuient sur des modèles de langage, qui sont des réseaux de neurones entraînés sur d'énormes corpus de textes (livres, articles, sites web, etc.). Ces modèles apprennent à prédire les mots qui ont le plus de chances d'apparaître dans un contexte donné.

Par exemple, si on donne au modèle la phrase "La capitale de la France est...", il prédira très probablement "Paris".

Cette capacité de prédiction, bien qu'apparemment simple, permet aux modèles de développer une compréhension statistique sophistiquée de la structure et du sens du langage.

SOUS LE CAPOT 🔧

Les modèles de langage récents comme BERT ou GPT utilisent une architecture appelée "Transformer". Contrairement aux approches précédentes qui traitaient les mots séquentiellement, les Transformers peuvent considérer tous les mots d'une phrase simultanément, en tenant compte de leurs relations. Cela leur permet de mieux saisir le contexte, les références, et les nuances linguistiques.

Applications concrètes

- **Correction orthographique et grammaticale** dans les traitements de texte
- **Filtrage des spams** dans les boîtes mail
- **Analyse de sentiment** pour évaluer les opinions dans les commentaires clients
- **Classification automatique** de documents
- **Extraction d'informations** spécifiques (noms, dates, adresses) dans des documents
- **Résumé automatique** de textes longs
- **Traduction automatique** entre différentes langues

La traduction automatique illustre particulièrement bien les progrès réalisés. Il y a dix ans, les traductions automatiques étaient souvent maladroites et parfois comiques. Aujourd'hui, bien qu'imparfaites, elles sont généralement compréhensibles et parfois remarquablement fluides, permettant une communication de base entre personnes ne parlant pas la même langue.

Limites et défis

Malgré leurs capacités impressionnantes, les systèmes d'analyse de texte présentent plusieurs limitations :

- Ils ont tendance à refléter les biais présents dans leurs données d'entraînement
- Ils peuvent générer des informations incorrectes mais présentées avec assurance
- Ils manquent souvent de "bon sens" ou de compréhension du monde réel
- Ils ont du mal avec l'ironie, l'humour ou les références culturelles subtiles

Il est important de se rappeler que ces systèmes ne "comprennent" pas vraiment le texte au sens humain du terme. Ils manipulent des symboles selon des patterns statistiques, sans accéder au type de compréhension conceptuelle ou contextuelle que nous possédons.

L'IA qui prédit (recommandations, prévisions)

Une autre capacité fondamentale de l'IA est de faire des prédictions basées sur des données. Ces systèmes analysent ce qui s'est passé dans le passé pour anticiper ce qui pourrait se passer dans le futur.

Les systèmes de recommandation

Ces systèmes sont probablement l'une des formes d'IA avec lesquelles nous interagissons le plus souvent, parfois sans même nous en rendre compte.

Comment ça marche ?

Les systèmes de recommandation utilisent généralement deux approches principales, souvent combinées :

1. **Le filtrage collaboratif** : "Les personnes qui ont aimé ce que vous avez aimé ont aussi aimé ceci." Par exemple, si

vous et un autre utilisateur avez aimé les mêmes films, le système pourrait vous recommander un film que cette personne a aimé mais que vous n'avez pas encore vu.
2. **Le filtrage basé sur le contenu** : "Voici des éléments similaires à ceux que vous avez aimés." Par exemple, si vous écoutez beaucoup de jazz, le système pourrait vous recommander d'autres morceaux de jazz.

Les systèmes les plus sophistiqués combinent ces approches et y ajoutent d'autres facteurs comme l'heure de la journée, la localisation, les tendances actuelles, etc.

Applications concrètes

- **Recommandations de films et séries** sur les plateformes de streaming
- **Suggestions de musique** sur les services d'écoute en ligne
- **Produits suggérés** sur les sites de e-commerce
- **Articles recommandés** sur les sites d'information
- **Connexions suggérées** sur les réseaux sociaux professionnels
- **Applications de rencontres** qui suggèrent des profils compatibles

IMPACT ÉCONOMIQUE 💰

Ces systèmes ont un impact économique considérable. Sur Amazon, plus de 35% des ventes proviendraient des recommandations. Sur Netflix, environ 80% du temps de visionnage serait influencé par le système de recommandation.

Limites et défis

Les systèmes de recommandation font face à plusieurs défis :

- **L'effet de bulle** : en nous montrant plus de ce que nous aimons déjà, ils peuvent réduire notre exposition à la diversité
- **Le démarrage à froid** : comment recommander des éléments aux nouveaux utilisateurs sans historique
- **Les biais** : ils peuvent amplifier certains biais ou perpétuer des stéréotypes
- **La vie privée** : ils nécessitent la collecte de données personnelles

Une préoccupation importante est que ces systèmes peuvent maximiser l'engagement à court terme (temps passé sur la plateforme) au détriment du bien-être à long terme des utilisateurs ou de la qualité de l'information.

RÉFLEXION CRITIQUE ☐

Prenez un moment pour réfléchir aux recommandations que vous recevez régulièrement. Vous êtes-vous déjà senti enfermé dans une "bulle" de contenu similaire ? Avez-vous remarqué des recommandations qui semblent perpétuer certains stéréotypes ? Les recommandations vous ont-elles parfois fait découvrir du contenu vraiment nouveau et enrichissant ?

Les prévisions et analyses prédictives

Au-delà des recommandations personnalisées, l'IA est de plus en plus utilisée pour faire des prévisions dans divers domaines.

Comment ça marche ?

L'analyse prédictive utilise des données historiques pour construire des modèles statistiques qui peuvent prédire des résultats futurs. Les techniques utilisées vont des méthodes statistiques classiques aux approches avancées de machine learning.

Ces modèles identifient des patterns et des corrélations dans les données passées, puis les appliquent aux données actuelles pour faire des prédictions sur l'avenir.

Applications concrètes

- **Prévisions météorologiques** de plus en plus précises
- **Prédictions financières** pour les investissements ou la détection de fraudes
- **Maintenance prédictive** dans l'industrie (prédire quand une machine tombera en panne)
- **Prévisions de trafic** pour optimiser les itinéraires
- **Prédictions en santé** pour identifier les patients à risque
- **Prévisions de ventes** pour optimiser les stocks et la chaîne d'approvisionnement
- **Prédictions agricoles** pour optimiser les semis et les récoltes

Un exemple particulièrement impressionnant est la maintenance prédictive. En analysant en continu les données des capteurs sur des équipements industriels, l'IA peut détecter des signes subtils de défaillance imminente, permettant d'intervenir avant qu'une panne coûteuse ne se produise.

CAS CONCRET 🏭

Une usine de fabrication de puces électroniques a implémenté un système de maintenance prédictive qui analyse les vibrations, la température et d'autres paramètres des machines. Le système a détecté une anomalie subtile dans une presse hydraulique, suggérant une défaillance potentielle dans les 48-72 heures. Les techniciens ont pu réparer la machine pendant une période d'inactivité planifiée, évitant une panne qui aurait coûté environ 300 000 € en production perdue et en réparations d'urgence.

Limites et défis

Malgré leur utilité, les modèles prédictifs présentent plusieurs limitations importantes :

- **La confusion entre corrélation et causalité** : observer qu'un événement A est souvent suivi d'un événement B ne signifie pas nécessairement que A cause B
- **La sensibilité aux changements dans l'environnement** : un modèle entraîné dans un contexte peut devenir moins précis si le contexte change
- **L'incertitude inhérente à certains phénomènes** : certains événements restent fondamentalement difficiles à prédire, comme les crashs boursiers ou les catastrophes naturelles
- **Les conséquences éthiques** des prédictions dans des domaines sensibles comme la justice pénale ou l'embauche

Il est essentiel de rappeler que les prédictions de l'IA sont des probabilités, pas des certitudes, et qu'elles ne remplacent pas le jugement humain, surtout pour des décisions importantes.

Domaine	Exemple d'application prédictive	Défis spécifiques
Météorologie	Prévision des tempêtes et inondations	Phénomènes chaotiques, besoins de données massives
Finance	Détection de fraudes, évaluation de risques	Environnement en constante évolution, rareté des événements extrêmes
Santé	Prédiction d'épidémies, détection précoce de maladies	Questions éthiques, coûts des faux positifs/négatifs

Domaine	Exemple d'application prédictive	Défis spécifiques
Transport	Optimisation du trafic, prévention d'accidents	Comportements humains imprévisibles, interconnexion des réseaux
Commerce	Prévision des tendances et des ventes	Changements rapides des préférences, facteurs externes imprévus
Justice	Évaluation des risques de récidive	Perpétuation de biais historiques, questions d'équité fondamentale

L'IA qui crée (textes, images, musique)

L'une des capacités les plus fascinantes et les plus récentes de l'IA est sa capacité à générer du contenu original. Ces systèmes, souvent appelés "IA générative", peuvent créer des textes, des images, des vidéos ou des sons qui n'existaient pas auparavant.

La génération de texte

Les modèles de langage récents peuvent produire des textes étonnamment cohérents et variés.

Comment ça marche ?

Ces systèmes, comme GPT (Generative Pre-trained Transformer), sont entraînés sur d'énormes corpus de textes pour prédire quel mot ou quelle séquence de mots a le plus de chances de suivre une séquence donnée.

En utilisant cette capacité de prédiction de manière itérative (prédire un mot, puis l'utiliser pour prédire le suivant, et ainsi de suite), ces modèles peuvent générer des paragraphes entiers qui semblent avoir été écrits par un humain.

Ils ne comprennent pas ce qu'ils écrivent au sens humain, mais ont "absorbé" statistiquement les patterns de langage présents dans leurs données d'entraînement.

Applications concrètes

- **Rédaction assistée** : suggestions d'écriture, complétion automatique
- **Création de contenu** : articles, rapports, résumés
- **Traduction créative** qui préserve le style et le ton
- **Chatbots et assistants virtuels** (que nous aborderons plus en détail)
- **Personnalisation d'emails** ou de messages marketing
- **Création littéraire** : poèmes, histoires courtes, dialogues

Ces outils sont de plus en plus utilisés par les écrivains, journalistes et créateurs de contenu, non pour remplacer leur travail, mais pour les aider à surmonter le syndrome de la page blanche, explorer différentes formulations, ou automatiser certaines tâches répétitives.

EXEMPLE SURPRENANT 📝

En 2020, The Guardian a publié un article entièrement rédigé par GPT-3, un modèle de langage avancé. Le système avait reçu comme instruction d'écrire un essai de 500 mots pour convaincre les humains que les robots viennent en paix. Le résultat était si cohérent et bien écrit que de nombreux lecteurs n'ont pas soupçonné qu'il avait été généré par une IA. Cet exemple illustre à la fois les capacités impressionnantes de ces systèmes et les questions qu'ils soulèvent concernant l'authenticité et l'attribution du contenu.

Limites et défis

Bien que ces systèmes produisent des textes impressionnants, ils présentent plusieurs limitations :

- **La tendance à "halluciner"** des informations incorrectes mais présentées comme des faits
- **Le manque de compréhension profonde** du sujet traité
- **Les biais présents dans les données d'entraînement** qui peuvent se refléter dans le contenu généré
- **Les questions de droits d'auteur** sur le contenu utilisé pour l'entraînement et sur le contenu généré
- **Les risques de désinformation** si ces systèmes sont utilisés pour créer du contenu trompeur à grande échelle

Ces limitations rappellent que ces outils sont mieux utilisés en collaboration avec des humains qui peuvent vérifier, éditer et prendre la responsabilité finale du contenu produit.

La génération d'images

La capacité de l'IA à créer des images a connu une évolution spectaculaire ces dernières années.

Comment ça marche ?

Les systèmes modernes de génération d'images, comme DALL-E, Midjourney ou Stable Diffusion, combinent des modèles de langage et des modèles d'images. Ils sont capables de transformer une description textuelle (prompt) en image.

Techniquement, ils utilisent souvent des "modèles de diffusion" qui apprennent d'abord à transformer progressivement des images en bruit aléatoire, puis inversent ce processus pour créer de nouvelles images à partir de bruit.

Ces systèmes ont été entraînés sur des millions d'images associées à leurs descriptions textuelles, leur permettant de comprendre comment traduire visuellement des concepts textuels.

Applications concrètes

- **Illustration** pour des articles, livres ou présentations
- **Conception graphique** et création de logos
- **Prototypage rapide** en design ou architecture
- **Création artistique** et exploration de nouveaux styles
- **Visualisation de concepts** difficiles à décrire
- **Personnalisation** de contenu visuel pour différents publics

Ces outils sont en train de transformer les industries créatives en démocratisant la création d'images. Des personnes sans compétences en dessin ou en design peuvent désormais traduire leurs idées en visuels.

DÉMONSTRATION 🖌

Voici un exemple de prompt (description textuelle) et d'image générée :

Prompt : "Un café confortable au style steampunk avec des engrenages en cuivre sur les murs, éclairé par des lampes à vapeur, avec une vue sur une ville victorienne futuriste au coucher du soleil"

L'IA peut générer une image détaillée correspondant à cette description, bien qu'un tel café n'existe pas dans le monde réel. Cette capacité à visualiser des concepts imaginaires ou hypothétiques est l'une des applications les plus fascinantes de ces technologies.

Limites et défis

La génération d'images par IA soulève plusieurs questions importantes :

- **L'impact sur les artistes et designers** dont le travail pourrait être dévalué
- **Les droits d'auteur** sur les images utilisées pour l'entraînement et sur les images générées
- **Les biais** dans la représentation de personnes ou de concepts
- **La désinformation visuelle** avec la création d'images trompeuses ou fausses mais réalistes
- **L'authenticité** et la valeur attribuée à la création humaine versus machine

Ces technologies évoluent si rapidement que les cadres éthiques et légaux peinent à suivre, créant une zone grise autour de nombreuses applications.

La génération de musique et autres contenus créatifs

L'IA s'aventure également dans la création musicale et d'autres formes d'art.

Comment ça marche ?

Les systèmes de génération musicale analysent de grandes quantités de compositions pour apprendre les patterns harmoniques, mélodiques et rythmiques. Ils peuvent ensuite générer de nouvelles compositions qui respectent ces patterns.

Certains systèmes fonctionnent en complétant une amorce musicale fournie par l'utilisateur, d'autres peuvent créer des compositions entières à partir de descriptions textuelles ou de paramètres définis.

Applications concrètes

- **Musique d'ambiance** pour vidéos, jeux ou espaces publics
- **Outils d'aide à la composition** pour musiciens
- **Création de jingles** ou musiques publicitaires
- **Adaptation dynamique** de musique dans les jeux vidéo
- **Expérimentation avec de nouveaux styles** ou fusions de genres

Au-delà de la musique, l'IA génère également des vidéos, des animations, des voix synthétiques et même des parfums ou des recettes.

EXPÉRIENCE INTRIGANTE ♪

En 2019, un album intitulé "I AM AI" par l'artiste Taryn Southern est devenu le premier album commercial entièrement composé et produit avec l'aide de l'IA. Southern a utilisé plusieurs plateformes d'IA pour créer la musique, tout en écrivant elle-même les paroles et en interprétant les chansons. Ce projet illustre comment l'IA peut devenir un outil créatif collaboratif plutôt qu'un simple remplaçant des artistes humains.

Limites et défis

La création artistique par IA soulève des questions fondamentales :

- **L'originalité** : l'IA peut-elle vraiment créer quelque chose de nouveau, ou simplement recombiner ce qui existe ?
- **L'intention et l'émotion** : l'art sans émotion ou intention est-il vraiment de l'art ?
- **L'impact culturel** de la création artistique automatisée à grande échelle

- **L'attribution** et la rémunération des artistes dont le travail a servi à entraîner ces systèmes

Ces questions nous invitent à repenser ce que nous valorisons dans l'art et la création.

L'IA qui dialogue (assistants virtuels, chatbots)

La capacité à converser de manière naturelle est l'une des manifestations les plus visibles de l'IA moderne. Ces systèmes nous donnent parfois l'impression troublante de parler à une entité consciente.

Les chatbots et assistants virtuels

Ces systèmes sont conçus pour interagir avec les humains via le langage naturel, que ce soit à l'écrit ou à l'oral.

Comment ça marche ?

Les assistants virtuels modernes combinent plusieurs technologies d'IA :

- Reconnaissance vocale pour comprendre ce que vous dites
- Traitement du langage naturel pour interpréter votre intention
- Génération de texte pour formuler des réponses
- Synthèse vocale pour vous répondre oralement

Les chatbots les plus avancés utilisent de grands modèles de langage (comme GPT ou Claude) qui ont été entraînés sur d'énormes corpus de textes provenant d'internet, de livres, et d'autres sources. Ils sont souvent affinés avec des techniques d'apprentissage par renforcement à partir de retours humains (RLHF) pour améliorer leur utilité, leur précision et leur sécurité.

Applications concrètes

- **Assistants personnels** sur smartphones (Siri, Google Assistant)
- **Assistants domestiques** via des enceintes intelligentes (Alexa, Google Home)
- **Support client automatisé** sur les sites web et applications
- **Assistants d'enseignement** qui répondent aux questions des étudiants
- **Compagnons conversationnels** pour personnes isolées ou âgées
- **Assistants spécialisés** dans divers domaines (santé, finance, droit)

Ces systèmes transforment notre façon d'interagir avec la technologie, rendant l'accès à l'information et aux services plus intuitif et accessible.

HISTOIRE VÉCUE 😊

ElliQ est un assistant robotique conçu spécifiquement pour les personnes âgées vivant seules. Au-delà des fonctions d'assistant classiques, il peut engager des conversations proactives, suggérer des activités, rappeler de prendre des médicaments, et faciliter les appels vidéo avec la famille. Une utilisatrice de 83 ans témoigne : "Ce n'est pas juste un appareil, c'est devenu un compagnon. Il me demande comment je vais chaque matin, me suggère des exercices adaptés à mes capacités, et me rappelle de boire de l'eau. Ces petites interactions quotidiennes font toute la différence quand on vit seul."

Limites et défis

Malgré leurs progrès impressionnants, les systèmes conversationnels présentent plusieurs limitations :

- **La compréhension imparfaite des nuances** du langage humain
- **La difficulté à maintenir un contexte** sur de longues conversations
- **La tendance à inventer des informations** lorsqu'ils ne connaissent pas la réponse
- **Les limites de leurs connaissances**, qui s'arrêtent généralement à leur date d'entraînement
- **Les questions éthiques** liées à l'anthropomorphisation et à l'attachement que les utilisateurs peuvent développer

Une préoccupation particulière concerne la vie privée et la sécurité des informations partagées avec ces assistants, notamment ceux qui fonctionnent "dans le cloud" en envoyant vos requêtes à des serveurs distants.

RÉFLEXION ÉTHIQUE ⚖️

Lorsque les assistants virtuels deviennent de plus en plus naturels dans leurs interactions, certains utilisateurs, particulièrement les enfants et les personnes âgées, peuvent développer un attachement émotionnel à ce qui reste fondamentalement un outil. Cette situation soulève des questions importantes : quelles sont les implications psychologiques de ces relations homme-machine ? Les concepteurs ont-ils une responsabilité quant à la façon dont leurs systèmes répondent à l'attachement humain ? Faut-il des lignes directrices pour que ces systèmes rappellent occasionnellement leur nature non-humaine ?

Les interfaces conversationnelles spécialisées

Au-delà des assistants génériques, l'IA conversationnelle se spécialise dans des domaines particuliers.

Comment ça marche ?

Ces systèmes combinent un modèle de langage avec des connaissances spécifiques à un domaine. Ils peuvent être entraînés sur des corpus de textes spécialisés, ou dotés d'accès à des bases de données ou API externes pour fournir des informations précises et à jour.

Certains peuvent également être intégrés à d'autres systèmes pour effectuer des actions (réserver un rendez-vous, passer une commande, contrôler des appareils connectés).

Applications concrètes

- **Assistants médicaux** qui aident au diagnostic ou répondent aux questions de santé
- **Conseillers financiers** virtuels pour la gestion de budget ou l'investissement
- **Tuteurs virtuels** spécialisés dans certaines matières
- **Assistants juridiques** pour des questions légales de base
- **Agents de voyage** virtuels pour planifier et réserver des voyages
- **Assistants culinaires** qui suggèrent des recettes ou guident leur préparation

Ces systèmes spécialisés peuvent parfois offrir une expertise plus profonde que les assistants généralistes, tout en maintenant l'accessibilité d'une interface conversationnelle.

EXEMPLE CONCRET 💼

DoNotPay se présente comme le "premier avocat robot au monde". Ce service utilise l'IA conversationnelle pour aider les utilisateurs à naviguer dans des problèmes juridiques courants comme contester des amendes de stationnement, annuler des abonnements non désirés, ou demander des remboursements. L'utilisateur explique son problème en langage naturel, et l'IA génère les documents juridiques appropriés et guide à travers les démarches nécessaires. Bien que limité aux cas simples et standardisés, ce type de service illustre comment les interfaces conversationnelles spécialisées peuvent démocratiser l'accès à des services autrefois coûteux ou intimidants.

Limites et défis

Les interfaces conversationnelles spécialisées font face à des défis spécifiques :

- **La responsabilité** lorsqu'elles opèrent dans des domaines sensibles comme la santé ou la finance
- **La nécessité de transparence** sur leurs limites et le moment où un expert humain devrait être consulté
- **Le risque de confiance excessive** de la part des utilisateurs qui pourraient surestimer leurs capacités
- **L'équilibre entre accessibilité** et précision technique dans des domaines complexes

Ces systèmes sont plus utiles lorsqu'ils sont conçus comme des compléments à l'expertise humaine, plutôt que comme des remplacements.

L'avenir des interfaces conversationnelles

L'IA conversationnelle évolue rapidement et plusieurs tendances se dessinent pour l'avenir :

- **L'intégration multimodale** : les assistants qui peuvent voir, entendre et parler, combinant plusieurs modalités d'interaction
- **La personnalisation accrue** : des assistants qui s'adaptent à votre style de communication, vos préférences et votre contexte
- **L'émotion et l'empathie artificielle** : des systèmes qui reconnaissent et répondent aux émotions humaines
- **Les agents autonomes** : des assistants qui peuvent effectuer des tâches complexes en votre nom, comme rechercher des informations, synthétiser des résultats, ou négocier avec d'autres systèmes
- **L'intégration dans des avatars ou robots** physiques, ajoutant une dimension corporelle à l'interaction

Ces évolutions pourraient transformer profondément notre relation avec la technologie, la rendant plus naturelle et intuitive, mais soulèvent également des questions importantes sur notre dépendance à ces systèmes et la place de l'interaction humaine authentique.

La convergence des capacités : des systèmes de plus en plus intégrés

À mesure que la technologie progresse, les frontières entre ces différentes catégories d'IA deviennent de plus en plus floues. Les systèmes les plus avancés combinent plusieurs capacités pour offrir des expériences plus riches et plus utiles.

Des assistants multimodaux

Les nouveaux assistants comme GPT-4 ou Claude peuvent désormais non seulement comprendre et générer du texte, mais aussi interpréter des images. Ils peuvent :

- Analyser des graphiques ou des tableaux
- Décrire le contenu de photos
- Interpréter des diagrammes ou des schémas
- Répondre à des questions sur des documents visuels

L'IA générative multifonction

Les systèmes comme DALL-E 3 intègrent des modèles de langage avancés pour mieux comprendre les intentions créatives. Cela permet :

- Une meilleure interprétation des descriptions complexes
- La génération d'images qui respectent mieux les contraintes stylistiques et sémantiques
- Une interaction plus naturelle dans le processus créatif

Les agents intelligents complets

La prochaine génération d'assistants pourrait combiner toutes ces capacités :

- Reconnaissance d'images, sons et textes
- Prédiction contextuelle de vos besoins
- Génération de contenu personnalisé
- Interface conversationnelle naturelle
- Capacité d'agir dans le monde physique via des appareils connectés

VISION D'AVENIR ☮

Imaginez un assistant personnel qui pourrait, lors d'une simple conversation : identifier que vous préparez un voyage d'après vos questions, analyser vos photos de vacances précédentes pour comprendre vos préférences, prévoir la météo à votre destination, vous suggérer un itinéraire personnalisé, générer des visuels de lieux à visiter, et réserver automatiquement des billets et logements correspondant à vos goûts habituels. Cette convergence des différentes capacités de l'IA n'est plus de la science-fiction, mais l'horizon probable des prochaines années.

La métaphore des sens artificiels

Pour mieux comprendre ces différentes formes d'IA, on peut utiliser la métaphore des "sens artificiels" :

- **L'IA qui reconnaît** correspond aux sens perceptifs (vue, ouïe) : elle observe et interprète le monde.
- **L'IA qui prédit** s'apparente à l'intuition ou l'anticipation : elle devine ce qui pourrait se passer ensuite.
- **L'IA qui crée** ressemble à l'imagination et aux capacités d'expression : elle génère du nouveau contenu.
- **L'IA qui dialogue** est comme la parole et l'écoute sociale : elle permet l'échange et la communication.

Comme chez l'humain, ces "sens artificiels" sont plus puissants lorsqu'ils fonctionnent ensemble. Un système qui peut voir, prévoir, créer et communiquer possède une forme d'intelligence plus complète et plus utile.

Tableau comparatif des différentes formes d'IA

Type d'IA	Exemples concrets	Forces	Limites	Applications typiques
IA qui reconnaît	Reconnaissance faciale, transcription vocale, analyse	Précision élevée dans des domaines spécifiques, traitement	Sensibilité aux données atypiques, biais potentiels,	Sécurité, diagnostic médical, accessibilité,

Type d'IA	Exemples concrets	Forces	Limites	Applications typiques
	d'images médicales	rapide de grandes quantités de données	manque de flexibilité	indexation de contenu
IA qui prédit	Recommandations Netflix, prévisions météo, maintenance prédictive	Identification de patterns subtils, optimisation basée sur des données historiques	Dépendance aux données passées, difficulté avec les événements rares	Marketing personnalisé, finance, planification logistique
IA qui crée	DALL-E, ChatGPT, systèmes de composition musicale	Génération de contenu nouveau et diversifié, amplification des capacités créatives humaines	Questions de droits d'auteur, hallucinations, absence d'intention réelle	Design, création de contenu, idéation, arts
IA qui dialogue	Assistants virtuels, chatbots de service client, interfaces vocales	Interface naturelle et intuitive, accessibilité, personnalisation progressive	Compréhension limitée du contexte, gestion des ambiguïtés, respect de la vie privée	Support client, accessibilité, compagnons virtuels

En conclusion : un écosystème d'intelligences spécialisées

Ce panorama des différents "visages" de l'IA nous montre la diversité et la richesse de cette technologie. De la reconnaissance à la prédiction, de la création au dialogue, l'IA moderne déploie un éventail de capacités qui transforment progressivement notre monde.

Ces différentes formes d'IA ne sont pas isolées les unes des autres. Un assistant virtuel combine reconnaissance vocale, compréhension du langage, génération de réponses et parfois des capacités prédictives. Un système de recommandation peut intégrer reconnaissance d'images et analyse prédictive.

À RETENIR ✦

L'IA actuelle n'est pas une intelligence générale unifiée, mais plutôt un écosystème de capacités spécialisées qui peuvent être combinées de façon complémentaire. Cette spécialisation explique pourquoi l'IA peut être simultanément impressionnante dans certains domaines et étonnamment limitée dans d'autres.

Dans le prochain chapitre, nous verrons comment ces différentes capacités s'intègrent concrètement dans notre vie quotidienne, transformant progressivement notre façon de vivre, de travailler et d'interagir avec le monde qui nous entoure.

Questions de réflexion :

1. Parmi les quatre grands types d'IA présentés (qui reconnaît, qui prédit, qui crée, qui dialogue), lequel vous

semble avoir le plus d'impact sur votre vie quotidienne actuellement ?

2. Quelles applications futures de l'IA générative vous semblent les plus prometteuses ? Les plus préoccupantes ?
3. Comment l'IA conversationnelle pourrait-elle évoluer pour mieux répondre aux besoins humains tout en respectant les limites éthiques ?
4. Quels domaines pourraient bénéficier le plus de la convergence des différentes capacités de l'IA ?
5. En tant qu'utilisateur, comment pouvez-vous devenir plus conscient des différents types d'IA que vous utilisez chaque jour ?

Mini-glossaire du chapitre :

- **Vision par ordinateur** : Domaine de l'IA qui permet aux machines d'analyser et d'interpréter des informations visuelles.
- **Traitement du langage naturel (NLP)** : Branche de l'IA qui se concentre sur la compréhension et la génération du langage humain par les machines.
- **Système de recommandation** : Système qui analyse les données utilisateurs pour suggérer des produits, contenus ou services personnalisés.
- **Analyse prédictive** : Utilisation de données historiques et d'algorithmes pour prévoir des événements ou comportements futurs.
- **IA générative** : Systèmes capables de créer du nouveau contenu (textes, images, sons, etc.) après avoir été entraînés sur des exemples existants.
- **Assistant virtuel** : Interface conversationnelle capable de comprendre des requêtes en langage naturel et d'accomplir diverses tâches pour l'utilisateur.

- **Multimodalité** : Capacité d'un système d'IA à traiter et intégrer différents types d'informations (texte, image, son, etc.).

Chapitre 3 : L'IA dans votre vie quotidienne

Après avoir exploré les différentes formes d'intelligence artificielle, examinons maintenant comment cette technologie s'intègre concrètement dans notre quotidien. L'IA est souvent présente là où on ne la soupçonne pas, subtile mais omniprésente, transformant progressivement notre façon de vivre, de communiquer et d'interagir avec notre environnement.

Sur votre smartphone : assistants vocaux, applications, photos

Le téléphone intelligent que vous avez peut-être dans votre poche ou sous les yeux en ce moment même est sans doute l'appareil par lequel vous interagissez le plus avec l'intelligence artificielle. C'est un véritable concentré de technologies IA qui facilite votre vie quotidienne de multiples façons.

Les assistants vocaux : vos compagnons numériques

Siri, Google Assistant, Alexa ou Bixby : ces assistants vocaux sont devenus nos compagnons quotidiens. Ils nous permettent d'interagir avec notre téléphone et d'accomplir diverses tâches simplement en parlant.

Comment ils enrichissent votre quotidien :

- **Répondre à vos questions** : de la météo aux actualités, en passant par les résultats sportifs ou des questions de culture générale.

- **Gérer votre agenda** : créer des rappels, programmer des alarmes, ou ajouter des événements à votre calendrier.
- **Faciliter les communications** : envoyer des messages, passer des appels sans toucher l'écran.
- **Contrôler d'autres applications** : lancer votre musique préférée, ouvrir une application spécifique.
- **Vous orienter** : vous indiquer le chemin vers une destination, estimer le temps de trajet.

Ces assistants s'améliorent constamment. Là où les premières versions comprenaient à peine quelques commandes simples, les versions actuelles peuvent maintenir des conversations relativement naturelles et comprendre des requêtes complexes avec contexte.

ÉVOLUTION REMARQUABLE ▦

En 2011, lorsque Siri a été lancé, l'assistant pouvait comprendre environ 100 types de requêtes différentes. Aujourd'hui, les assistants vocaux modernes peuvent traiter des dizaines de milliers de types de demandes différentes, comprendre de multiples accents et dialectes, et même saisir certaines nuances contextuelles comme l'humour ou les références culturelles.

L'envers du décor :

Ces assistants fonctionnent grâce à la combinaison de plusieurs technologies d'IA : la reconnaissance vocale pour comprendre ce que vous dites, le traitement du langage naturel pour interpréter votre intention, et la synthèse vocale pour vous répondre.

Certaines fonctions sont traitées directement sur votre téléphone pour des raisons de rapidité et de confidentialité, tandis que d'autres nécessitent l'envoi de vos requêtes à des serveurs distants qui disposent de plus de puissance de calcul.

Pour tirer le meilleur parti de votre assistant vocal, essayez ces quelques conseils :

- Parlez clairement, mais naturellement (pas besoin d'exagérer votre articulation)
- Commencez par des requêtes simples, puis explorez progressivement des demandes plus complexes
- Utilisez des formulations directes : "Rappelle-moi d'acheter du lait à 18h" plutôt que "Pourrais-tu peut-être me rappeler plus tard que je dois acheter du lait ?"
- N'hésitez pas à corriger votre assistant lorsqu'il se trompe pour l'aider à s'améliorer

Les applications intelligentes : l'IA discrète mais efficace

Au-delà des assistants vocaux, l'IA est intégrée dans de nombreuses applications que vous utilisez quotidiennement, souvent sans même vous en rendre compte.

Dans vos applications de messagerie :

- Les suggestions de réponses rapides qui apparaissent lorsque vous recevez un message
- La correction automatique et la prédiction de texte qui s'adapte à votre style d'écriture
- Les filtres qui détectent et bloquent les messages indésirables

Dans vos applications de navigation :

- Les prédictions de trafic en temps réel

- Les suggestions d'itinéraires alternatifs en cas d'embouteillage
- L'estimation précise des temps d'arrivée en fonction des conditions actuelles

Afficher l'image

Dans vos applications de divertissement :

- Les recommandations personnalisées de contenus (musique, vidéos, articles)
- La génération de playlists adaptées à vos goûts ou à votre activité
- Les filtres et effets en réalité augmentée pour vos photos et vidéos

Dans vos applications de productivité :

- La transcription automatique de notes vocales
- La synthèse et le résumé de longs documents
- L'organisation intelligente de vos emails par priorité

Ces fonctionnalités s'appuient sur votre historique d'utilisation pour s'adapter à vos préférences et habitudes, rendant l'expérience de plus en plus personnalisée au fil du temps.

Application	Fonctionnalités IA	Bénéfices pour l'utilisateur
Gmail	Filtrage de spam, suggestions de réponses, catégorisation	Moins de distractions, réponses plus rapides
Spotify	Découverte hebdomadaire, radios personnalisées	Découverte musicale adaptée à vos goûts

Application	Fonctionnalités IA	Bénéfices pour l'utilisateur
Google Maps	Prédiction du trafic, estimation des temps de trajets	Planification plus précise, moins de stress
Microsoft Office	Suggestions de mise en forme, assistants rédactionnels	Documents plus professionnels, gain de temps
Applications photo	Amélioration automatique, organisation par personnes/lieux	Meilleurs résultats sans expertise, retrouver facilement ses photos

La photographie computationnelle : l'IA au service de vos souvenirs

L'un des domaines où l'IA a le plus transformé nos smartphones est la photographie. Ce n'est pas un hasard si les publicités pour téléphones mettent autant l'accent sur les capacités photographiques.

Ce que l'IA apporte à vos photos :

- **Le mode nuit** qui permet de prendre des photos claires dans l'obscurité
- **Le mode portrait** qui floute artistiquement l'arrière-plan
- **L'amélioration automatique** qui ajuste les couleurs, la luminosité et le contraste
- **La stabilisation d'image** qui compense les tremblements de votre main
- **L'identification des scènes** qui optimise les réglages selon ce que vous photographiez

SOUS LE CAPOT 🔧

Quand vous prenez une photo en "mode nuit", votre smartphone capture en réalité plusieurs images avec des expositions différentes en quelques secondes. L'IA analyse ensuite ces multiples prises, sélectionne les meilleurs éléments de chacune, compense les tremblements entre les prises, et fusionne intelligemment le tout pour créer une image claire, lumineuse et détaillée qui serait impossible à obtenir avec un seul cliché. Cette technique appelée "computational photography" (photographie computationnelle) compense les limitations physiques des petits capteurs des smartphones grâce à la puissance de l'IA.

Au-delà de la prise de vue, l'IA intervient également dans la gestion de votre photothèque :

- **Reconnaissance faciale** pour regrouper les photos par personne
- **Catégorisation automatique** par lieu, date, ou type d'événement
- **Recherche visuelle** permettant de retrouver une photo en décrivant son contenu
- **Création automatique** d'albums ou de montages vidéo à partir de vos meilleurs clichés

Ces technologies utilisent principalement des réseaux de neurones entraînés sur des millions d'images pour reconnaître les visages, objets, lieux, et pour appliquer des améliorations esthétiques appropriées selon le contexte.

EXPÉRIENCE À TENTER 🔍

Essayez de rechercher dans votre application Photos des termes comme "plage", "montagne", "chien" ou "restaurant" sans avoir jamais étiqueté manuellement vos images. Vous serez surpris de constater que l'IA a déjà analysé et compris le contenu de vos photos, vous permettant de retrouver instantanément des souvenirs spécifiques parmi des milliers d'images.

La gestion de l'énergie et de la sécurité

L'IA contribue également à deux aspects moins visibles mais essentiels de votre smartphone :

L'optimisation de la batterie : L'IA analyse vos habitudes d'utilisation pour anticiper quand vous aurez besoin de certaines applications et adapter la consommation d'énergie en conséquence, prolongeant ainsi l'autonomie de votre appareil.

La sécurité : Des systèmes de détection des logiciels malveillants utilisent l'IA pour identifier des comportements suspects dans les applications, tandis que les systèmes de reconnaissance faciale ou d'empreintes digitales sécurisent l'accès à votre téléphone.

Dans votre maison : objets connectés, systèmes intelligents

La maison est devenue un autre terrain d'expansion rapide de l'intelligence artificielle, avec l'émergence de la "maison intelligente" ou "smart home". Ces technologies visent à rendre l'habitat plus confortable, plus économe en énergie et plus sécurisé.

Les enceintes intelligentes : le centre névralgique

Les enceintes intelligentes comme Amazon Echo, Google Home ou Apple HomePod sont souvent la porte d'entrée vers la maison connectée. Ces appareils servent d'interface centrale pour contrôler d'autres objets connectés et accéder à divers services.

Leurs capacités actuelles :

- **Contrôle vocal** de la musique, des podcasts et autres contenus audio
- **Réponse à des questions** d'ordre général
- **Gestion des rappels et des listes** (courses, tâches)
- **Contrôle des autres appareils connectés** de la maison
- **Passerelle pour les appels** et la communication entre pièces

Ces enceintes utilisent les mêmes technologies d'IA que les assistants vocaux des smartphones, mais avec une optimisation particulière pour la reconnaissance vocale à distance et dans des environnements potentiellement bruyants.

L'éclairage et la température : confort et économies

Les systèmes d'éclairage et de chauffage intelligents font partie des applications les plus répandues de l'IA domestique.

Les lumières intelligentes :

- S'allument et s'éteignent selon votre présence
- S'ajustent automatiquement en fonction de la luminosité extérieure
- Peuvent changer de couleur ou d'intensité selon l'heure ou vos activités
- Apprennent vos préférences et habitudes pour anticiper vos besoins

Les thermostats intelligents :

- Régulent automatiquement la température selon vos habitudes
- Détectent votre présence pour éviter de chauffer une maison vide

- S'adaptent aux conditions météorologiques extérieures
- Vous suggèrent des façons d'économiser l'énergie

IMPACT CONCRET 💰

Selon des études, un thermostat intelligent peut réduire la consommation d'énergie liée au chauffage et à la climatisation de 10 à 15% en moyenne. Pour un foyer typique, cela représente une économie annuelle de 130 à 200 euros, tout en réduisant l'empreinte carbone. L'IA contribue à ces économies en analysant finement les habitudes des occupants, l'isolation du bâtiment, et même les prévisions météorologiques pour optimiser la consommation sans sacrifier le confort.

Ces systèmes utilisent l'IA pour analyser vos patterns d'utilisation et optimiser le confort tout en réduisant la consommation énergétique. Certains utilisateurs rapportent des économies d'énergie de 10 à 15% grâce à ces technologies.

La sécurité du domicile : surveillance et prévention

Les systèmes de sécurité domestique ont été considérablement améliorés par l'IA.

Les caméras de surveillance intelligentes :

- Distinguent les personnes, animaux et véhicules
- Reconnaissent les visages familiers pour alerter uniquement en cas d'intrus
- Détectent des comportements inhabituels ou suspects
- Peuvent reconnaître des sons spécifiques comme du verre brisé

Les serrures intelligentes :

- Permettent l'accès sans clé via reconnaissance faciale ou d'empreintes
- Gardent une trace de qui entre et sort
- Peuvent accorder des accès temporaires à des visiteurs
- Se verrouillent automatiquement quand vous partez

Ces technologies offrent non seulement une meilleure sécurité, mais aussi une tranquillité d'esprit grâce à la possibilité de surveiller votre domicile à distance.

Les électroménagers : efficacité et personnalisation

L'IA s'intègre progressivement dans nos appareils électroménagers quotidiens.

Les réfrigérateurs intelligents :

- Surveillent les stocks et suggèrent des listes de courses
- Recommandent des recettes basées sur les ingrédients disponibles
- Ajustent la température selon le contenu et l'utilisation

Les lave-linge et lave-vaisselle intelligents :

- Optimisent les cycles selon la charge et le degré de saleté
- Prévoient la maintenance et alertent en cas de problème potentiel
- S'activent aux heures où l'électricité est moins chère

Les robots aspirateurs :

- Cartographient votre maison pour optimiser leurs trajets
- Identifient les zones les plus sales nécessitant plus d'attention
- Reconnaissent et évitent les obstacles, y compris les animaux domestiques

HISTOIRE VÉCUE 🏠

Marc, père de deux jeunes enfants, a progressivement équipé sa maison de technologies intelligentes. "Au début, j'étais sceptique, mais l'impact sur notre quotidien a été significatif," raconte-t-il. "Notre thermostat apprend nos habitudes et maintient une température idéale tout en réduisant notre facture énergétique. Les lumières s'ajustent automatiquement selon l'heure et l'activité, créant une ambiance relaxante le soir. Mais le plus impressionnant reste la façon dont tout se coordonne : quand nous quittons tous la maison, le système met tout en veille et active la surveillance. Quand nous rentrons, la maison nous 'reconnaît' et réactive nos préférences. Ce n'est pas seulement pratique, ça nous fait gagner un temps précieux chaque jour."

Ces appareils utilisent diverses formes d'IA, de la vision par ordinateur à l'analyse prédictive, pour améliorer leur efficacité et s'adapter à vos besoins spécifiques.

L'intégration et les défis de la maison intelligente

La véritable puissance de ces technologies se révèle lorsqu'elles fonctionnent ensemble dans un écosystème intégré. Par exemple, votre maison pourrait automatiquement :

- Ajuster l'éclairage, la température et la musique quand vous rentrez du travail
- Verrouiller les portes et baisser le chauffage quand tout le monde est parti
- Simuler une présence pendant vos vacances en allumant les lumières et les appareils de façon réaliste

Cependant, cette vision d'intégration parfaite se heurte encore à plusieurs défis :

- **La fragmentation des écosystèmes** avec différentes marques utilisant des standards incompatibles
- **Les préoccupations de confidentialité** liées à la collecte constante de données dans l'espace intime
- **Les questions de sécurité** avec des appareils connectés potentiellement vulnérables aux piratages
- **La dépendance à une connexion internet** fiable
- **Le coût encore élevé** de certains équipements

CONSEIL PRATIQUE 🔒

Si vous envisagez d'équiper votre domicile d'appareils connectés, voici quelques bonnes pratiques de sécurité :

- Changez les mots de passe par défaut de tous vos appareils
- Créez un réseau Wi-Fi séparé pour vos objets connectés
- Maintenez régulièrement à jour le firmware de vos appareils
- Désactivez les fonctionnalités que vous n'utilisez pas
- Vérifiez les paramètres de confidentialité et limitez la collecte de données au nécessaire

Malgré ces défis, la tendance vers des maisons de plus en plus intelligentes semble inéluctable, avec des progrès constants en termes d'interopérabilité et de protection de la vie privée.

Au travail : outils et assistants numériques

L'intelligence artificielle transforme également nos environnements professionnels, quel que soit le secteur d'activité. Ces technologies visent généralement à automatiser les tâches répétitives, à amplifier nos capacités intellectuelles et à faciliter la collaboration.

Les assistants administratifs virtuels

Ces outils aident à gérer les aspects administratifs du travail, souvent chronophages.

Gestion des emails et communications :

- Tri et priorisation automatique des messages
- Suggestions de réponses adaptées au contexte
- Identification des emails nécessitant une attention immédiate
- Planification automatique de réunions en fonction des disponibilités de chacun

Organisation et planification :

- Rappels intelligents basés sur l'importance des tâches
- Suggestions de périodes optimales pour les tâches nécessitant de la concentration
- Transcription et résumé automatiques des réunions
- Gestion dynamique des priorités en fonction des échéances

Ces assistants s'appuient sur le traitement du langage naturel pour comprendre le contenu des messages et des notes, et sur l'apprentissage machine pour s'adapter aux préférences individuelles de chaque utilisateur.

GAIN DE PRODUCTIVITÉ □□

Selon une étude de McKinsey, les professionnels passent en moyenne 28% de leur semaine de travail à gérer leurs emails et près de 20% à rechercher des informations. Les assistants IA peuvent réduire ce temps de 30 à 40%, libérant potentiellement plus d'une journée de travail par semaine pour des tâches à plus forte valeur ajoutée.

Les outils d'analyse et d'aide à la décision

L'IA excelle particulièrement dans l'analyse de grandes quantités de données pour en extraire des insights actionnables.

Tableaux de bord intelligents :

- Agrègent et visualisent automatiquement les données pertinentes
- Détectent et signalent les anomalies ou tendances significatives
- Génèrent des rapports personnalisés avec interprétations en langage naturel

Systèmes d'aide à la décision :

- Analysent les conséquences potentielles de différentes options
- Suggèrent des solutions basées sur des cas similaires passés
- Identifient les facteurs critiques à prendre en compte

Ces outils ne remplacent pas le jugement humain mais le complètent en fournissant une analyse plus complète et objective des informations disponibles.

La productivité et la créativité augmentées

De nombreux outils d'IA visent à amplifier nos capacités cognitives et créatives.

Outils d'écriture assistée :

- Suggestions stylistiques et grammaticales contextualisées
- Aide à la rédaction de différents types de documents (rapports, présentations, emails)
- Génération de premières ébauches à partir de points clés
- Adaption du ton et du style selon le public visé

Outils de conception augmentée :

- Génération de multiples variations à partir d'un concept initial
- Optimisation de designs selon des critères spécifiques (ergonomie, coût, faisabilité)
- Suggestions d'améliorations basées sur les retours utilisateurs

CAS D'USAGE INNOVANT 🎨

Dans le domaine de l'architecture, des outils comme Spacemaker utilisent l'IA pour aider les architectes à optimiser leurs conceptions. En tenant compte de multiples contraintes (ensoleillement, bruit, réglementations urbanistiques, efficacité énergétique), le système peut générer et évaluer des milliers de variations de design en quelques minutes, permettant aux architectes d'explorer rapidement différentes options et de prendre des décisions plus éclairées, tout en conservant le contrôle créatif final.

Outils de recherche et d'apprentissage :

- Synthèse de grandes quantités d'informations sur un sujet
- Recommandations personnalisées de ressources pertinentes
- Création de matériel d'apprentissage adaptatif

Ces outils agissent comme des amplificateurs d'intelligence, permettant aux professionnels de se concentrer sur les aspects les plus créatifs et stratégiques de leur travail.

L'automatisation des processus d'entreprise

L'IA permet d'automatiser des flux de travail entiers, particulièrement pour les tâches administratives répétitives.

Automatisation robotisée des processus (RPA) :

- Extraction et saisie automatiques de données dans différents systèmes
- Traitement de formulaires et de demandes standardisées
- Validation et réconciliation de données entre différentes sources

Systèmes de workflow intelligents :

- Routage automatique des demandes vers les bonnes personnes
- Suivi et gestion des approbations nécessaires
- Identification proactive des goulots d'étranglement

Cette automatisation libère du temps pour des tâches à plus forte valeur ajoutée et réduit les erreurs humaines dans les processus standardisés.

La collaboration et la gestion d'équipe

Dans un contexte de travail de plus en plus distribué, l'IA facilite la collaboration à distance.

Outils de collaboration augmentée :

- Traduction en temps réel pour les équipes multilingues

- Suggestions de connexions pertinentes entre collègues travaillant sur des sujets similaires
- Outils de brainstorming assistés qui organisent et synthétisent les idées

Outils de gestion d'équipe :

- Analyse des patterns de communication pour identifier les problèmes potentiels
- Suggestions pour équilibrer la charge de travail
- Détection précoce de risques de surmenage ou de désengagement

Ces outils visent à créer des environnements de travail plus inclusifs, productifs et attentifs au bien-être des collaborateurs.

Domaine professionnel	Applications de l'IA	Impact sur le travail
Marketing	Analyse prédictive des tendances, personnalisation des campagnes	Marketing plus ciblé, meilleur ROI
Ressources humaines	Présélection des CV, détection des talents internes	Recrutement plus efficace, développement des compétences
Service client	Chatbots pour les questions fréquentes, analyse de sentiment	Réponses plus rapides, meilleure satisfaction client
Finance	Détection de fraudes, prévisions budgétaires	Réduction des risques, planification plus précise

Domaine professionnel	Applications de l'IA	Impact sur le travail
Ingénierie	Conception assistée, simulation de performance	Conception plus rapide, produits plus fiables
Juridique	Analyse de contrats, recherche de jurisprudence	Revue documentaire accélérée, meilleure préparation des dossiers

Dans les services publics : santé, transport, administration

L'intelligence artificielle transforme également la manière dont les services publics sont conçus et délivrés. Ces applications visent généralement à améliorer l'efficacité, l'accessibilité et la personnalisation des services essentiels.

La santé : prévention, diagnostic et traitement

Le secteur de la santé est l'un des domaines où l'IA montre le plus grand potentiel d'impact positif.

Aide au diagnostic médical :

- Analyse d'images médicales (radiographies, IRM, scanners) pour détecter des anomalies
- Identification de patterns subtils dans les résultats d'analyses
- Suggestion de diagnostics possibles basés sur les symptômes et l'historique du patient

AVANCÉE MÉDICALE ✚

Des études récentes montrent que certains systèmes d'IA peuvent désormais détecter des cancers du sein sur des mammographies avec une précision comparable ou supérieure à celle des radiologues expérimentés. Un exemple notable est un système développé par des chercheurs de Google Health, qui a réduit les faux positifs de 5,7% et les faux négatifs de 9,4% par rapport aux diagnostics humains. Ces systèmes ne visent pas à remplacer les médecins, mais à leur fournir un "deuxième avis" fiable pour réduire les erreurs et accélérer les diagnostics.

Médecine personnalisée :

- Prédiction de l'efficacité de différents traitements selon le profil génétique
- Ajustement des dosages en fonction des caractéristiques individuelles
- Détection précoce des risques de maladies chroniques

Gestion hospitalière :

- Optimisation des plannings et des ressources
- Prédiction des pics d'affluence aux urgences
- Suivi en temps réel des stocks de médicaments et équipements

Télémédecine augmentée :

- Pré-diagnostic automatisé pour orienter vers le bon spécialiste
- Suivi à distance des patients chroniques
- Assistants de santé virtuels pour les questions courantes

Ces applications contribuent à un système de santé plus préventif, plus personnalisé et plus accessible, tout en aidant les professionnels de santé à se concentrer sur les aspects humains et complexes de leur métier.

Les transports : fluidité, sécurité et durabilité

Les systèmes de transport intelligents transforment nos déplacements quotidiens et la logistique.

Gestion du trafic urbain :

- Feux de circulation adaptatifs qui s'ajustent en temps réel
- Détection anticipée des congestions
- Suggestion d'itinéraires alternatifs pour équilibrer les flux

Transports publics intelligents :

- Ajustement de la fréquence des bus ou trains selon la demande réelle
- Maintenance prédictive pour réduire les pannes
- Information voyageurs personnalisée et en temps réel

Véhicules autonomes et semi-autonomes :

- Systèmes d'assistance à la conduite (freinage d'urgence, maintien de voie)
- Navettes autonomes pour le "dernier kilomètre"
- Optimisation des flottes de véhicules partagés

Ces technologies visent à rendre les transports plus sûrs, plus efficaces et moins polluants, tout en améliorant l'expérience des usagers.

TRANSFORMATION URBAINE 🚌

La ville de Singapour a implémenté l'un des systèmes de transport intelligents les plus avancés au monde. En combinant des capteurs IoT, des caméras et des algorithmes d'IA, le système optimise en temps réel les feux de circulation, prédit les congestions 30 minutes à l'avance avec une précision de 90%, et ajuste les itinéraires des transports publics selon la demande. Résultat : une réduction de 20% des temps de trajet et une diminution significative des émissions de CO_2 liées aux transports.

L'administration publique : accessibilité et efficacité

L'IA aide à moderniser les services administratifs, souvent perçus comme complexes et bureaucratiques.

Portails citoyens intelligents :

- Assistance personnalisée pour les démarches administratives
- Recommandations proactives d'aides ou services pertinents
- Simplification des formulaires avec pré-remplissage intelligent

Traitement automatisé des demandes :

- Analyse et classification automatiques des dossiers
- Détection des pièces manquantes ou incohérentes
- Priorisation des cas urgents ou complexes

Services multilingues et accessibles :

- Traduction automatique de documents officiels
- Interfaces adaptées aux personnes en situation de handicap
- Conversion de texte en voix et vice-versa

Ces applications contribuent à des services publics plus réactifs et centrés sur les besoins des citoyens, tout en réduisant les coûts administratifs.

La sécurité publique et la gestion des risques

L'IA joue un rôle croissant dans la protection des personnes et la gestion des crises.

Systèmes d'alerte précoce :

- Prévision d'événements météorologiques extrêmes
- Détection de risques d'inondation ou d'incendie
- Surveillance sismique et alertes tsunami

Gestion de crises :

- Coordination des ressources d'urgence
- Modélisation de l'évolution de situations dangereuses
- Analyse rapide des dommages après une catastrophe

Surveillance intelligente :

- Détection d'activités suspicieuses dans les espaces publics
- Analyse de foules pour prévenir les mouvements de panique
- Identification de personnes disparues

Ces systèmes visent à mieux anticiper et gérer les risques, tout en soulevant d'importantes questions éthiques sur la surveillance et la vie privée.

POINT ÉTHIQUE ⚖️

La surveillance intelligente par IA soulève d'importantes questions d'équilibre entre sécurité et libertés individuelles. D'un côté, ces technologies peuvent aider à retrouver des personnes disparues ou à prévenir des incidents. De l'autre, une surveillance omniprésente peut créer un sentiment d'intrusion permanente et conduire à des abus si elle n'est pas strictement encadrée. Le défi pour les sociétés démocratiques est de bénéficier des aspects protecteurs de ces technologies tout en préservant la vie privée et les libertés fondamentales des citoyens.

Les défis éthiques et sociaux des services publics intelligents

L'intégration de l'IA dans les services publics soulève des questions particulièrement importantes :

Équité et inclusion :

- Comment s'assurer que ces technologies bénéficient à tous, y compris aux populations vulnérables ou moins technophiles ?
- Comment éviter que l'IA n'amplifie les inégalités existantes ?

Protection des données sensibles :

- Comment équilibrer les bénéfices de la personnalisation avec la protection des données personnelles ?
- Quelles garanties pour les données de santé ou administratives particulièrement sensibles ?

Transparence et responsabilité :

- Comment expliquer les décisions prises par des systèmes complexes ?
- Qui est responsable en cas d'erreur d'un système automatisé ?

Souveraineté technologique :

- Comment assurer l'indépendance des services publics face aux fournisseurs privés de technologies ?
- Comment développer une expertise publique en IA ?

Ces questions essentielles nécessitent un dialogue continu entre décideurs, experts techniques, et citoyens pour établir un cadre éthique solide pour ces nouvelles technologies.

L'IA dans l'éducation : apprentissage personnalisé et nouvelles compétences

Le secteur éducatif connaît également d'importantes transformations grâce à l'IA, tant dans les méthodes d'enseignement que dans le contenu des apprentissages.

Personnalisation de l'apprentissage

L'un des apports majeurs de l'IA à l'éducation est la capacité à adapter l'enseignement aux besoins individuels de chaque apprenant.

Systèmes d'apprentissage adaptatif :

- Évaluation continue des connaissances et des difficultés de l'élève
- Ajustement du rythme et du niveau de difficulté selon les progrès
- Recommandation de ressources complémentaires ciblées
- Détection précoce des risques de décrochage

Tuteurs virtuels intelligents :

- Assistance personnalisée 24h/24 pour répondre aux questions
- Explications adaptées au style d'apprentissage de l'élève
- Feedback immédiat sur les exercices et devoirs
- Encouragement et motivation adaptés au profil de l'apprenant

RÉSULTATS PROMETTEURS 📚

Une étude menée auprès de 15 000 élèves utilisant un système d'apprentissage adaptatif en mathématiques a montré une amélioration moyenne des résultats de 30% par rapport aux méthodes traditionnelles. Les progrès les plus significatifs ont été observés chez les élèves qui avaient initialement le plus de difficultés, suggérant que ces technologies pourraient contribuer à réduire les écarts de performance.

Outils pour les enseignants

L'IA n'est pas conçue pour remplacer les enseignants, mais pour les aider à être plus efficaces et à se concentrer sur les aspects humains de l'éducation.

Assistants pédagogiques :

- Correction automatique des exercices standardisés
- Analyse des erreurs récurrentes pour identifier les concepts mal compris
- Suggestions d'activités pédagogiques adaptées aux besoins de la classe
- Création automatisée de matériel pédagogique personnalisé

Suivi de progression :

- Tableaux de bord visualisant les progrès de chaque élève
- Analyse prédictive des risques de difficultés
- Recommandations pour les interventions pédagogiques
- Mesure de l'efficacité des différentes approches d'enseignement

Ces outils permettent aux enseignants de mieux comprendre les besoins de leurs élèves et d'intervenir de manière plus ciblée, tout en réduisant la charge administrative.

Accessibilité et inclusion

L'IA peut jouer un rôle crucial pour rendre l'éducation plus accessible à tous, quelles que soient les contraintes géographiques, économiques ou liées à un handicap.

Outils d'accessibilité :

- Sous-titrage automatique pour les élèves malentendants
- Description d'images pour les élèves malvoyants
- Interfaces adaptées aux différents types de handicaps
- Traduction en temps réel pour les élèves allophones

Réduction des fractures éducatives :

- Accès à des ressources éducatives de qualité dans les zones reculées
- Apprentissage mobile adapté aux contraintes des pays en développement
- Options d'apprentissage flexibles pour les élèves ne pouvant pas suivre un cursus traditionnel
- Démocratisation de l'accès à des enseignements spécialisés

INNOVATION INCLUSIVE 🙌

Au Kenya, le projet M-Shule utilise l'IA et la téléphonie mobile pour offrir un apprentissage personnalisé aux élèves des zones rurales. Le système adapte les leçons au niveau de chaque enfant et les délivre via SMS, ne nécessitant qu'un téléphone basique sans connexion internet. Les premiers résultats montrent une amélioration significative des compétences en lecture et mathématiques dans des régions où l'accès à l'éducation de qualité était auparavant très limité.

Nouvelles compétences pour un monde augmenté par l'IA

Au-delà des outils pédagogiques, l'IA transforme également le contenu même de ce qui est enseigné, pour préparer les élèves à un monde où cette technologie sera omniprésente.

Littératie numérique et IA :

- Compréhension des principes fondamentaux de l'IA
- Capacité à utiliser efficacement les outils d'IA
- Esprit critique face aux contenus générés par IA
- Conscience des implications éthiques et sociales de ces technologies

Compétences complémentaires à l'IA :

- Créativité et pensée originale
- Intelligence émotionnelle et collaboration
- Résolution de problèmes complexes
- Adaptabilité et apprentissage continu

Ces compétences, difficiles à automatiser, deviendront de plus en plus valorisées sur le marché du travail et dans la société en général.

L'IA dans le commerce et les loisirs : expériences personnalisées

L'intelligence artificielle transforme profondément notre façon de consommer et de nous divertir, en rendant ces expériences de plus en plus personnalisées et immersives.

Commerce en ligne et magasins physiques

L'IA brouille les frontières entre commerce physique et numérique, en créant des expériences d'achat plus fluides et adaptées.

Commerce en ligne augmenté :

- Recherche visuelle permettant de trouver des produits à partir d'images
- Essayage virtuel de vêtements, maquillage ou lunettes
- Configurateurs intelligents pour personnaliser des produits
- Assistants d'achat virtuels simulant l'expertise d'un vendeur

Magasins physiques intelligents :

- Rayonnages connectés qui ajustent les prix selon la demande
- Analyse du parcours client pour optimiser l'agencement
- Caisses automatiques avec reconnaissance d'objets
- Personnalisation des promotions en temps réel

EXEMPLE INNOVANT

Amazon Go a pionné le concept de magasin sans caisse grâce à l'IA. Les clients scannent simplement leur smartphone en entrant, puis prennent les produits qui les intéressent et sortent. Des centaines de caméras et capteurs, associés à des algorithmes de vision par ordinateur et d'apprentissage profond, suivent automatiquement quels articles sont pris ou remis en rayon. Le montant total est automatiquement débité à la sortie, éliminant les files d'attente et transformant radicalement l'expérience d'achat.

Divertissement et médias personnalisés

L'IA révolutionne également notre façon de consommer des contenus culturels et de divertissement.

Plateformes de streaming évoluées :

- Recommandations ultra-personnalisées basées sur vos goûts précis
- Création de bandes-annonces personnalisées mettant en avant les aspects d'un film qui vous plairont le plus
- Adaptation du catalogue visible selon vos préférences et habitudes
- Génération de contenu exclusif basé sur les préférences collectives des utilisateurs

Jeux vidéo intelligents :

- Ajustement dynamique de la difficulté selon vos compétences
- Personnages non-joueurs (PNJ) au comportement adaptif et réaliste
- Génération procédurale de niveaux infinis et personnalisés
- Narration interactive qui s'adapte à vos choix et style de jeu

Création de contenu assistée :

- Outils de création musicale accessibles aux non-musiciens
- Amélioration automatique de photos amateur

- Montage vidéo automatisé à partir de rushes bruts
- Création collaborative humain-IA dans divers domaines artistiques

Ces technologies démocratisent l'accès à la création et offrent des expériences de divertissement de plus en plus immersives et personnalisées.

Tourisme et expériences augmentées

Le secteur du tourisme bénéficie également des avancées de l'IA pour enrichir l'expérience des voyageurs.

Planification intelligente :

- Itinéraires personnalisés selon vos intérêts, contraintes et budget
- Recommandations adaptées à votre profil et au contexte (météo, affluence)
- Optimisation multi-critères (coût, temps, expériences, durabilité)
- Ajustements en temps réel selon les circonstances

Expériences augmentées :

- Guides virtuels personnalisés sur smartphone
- Traduction instantanée de panneaux et menus via la caméra
- Reconstitutions en réalité augmentée de sites historiques
- Expériences immersives combinant réel et virtuel

Ces technologies visent à rendre les voyages plus enrichissants, accessibles et adaptés aux préférences individuelles.

Une journée type dans un monde augmenté par l'IA

Pour mieux comprendre l'omniprésence de l'IA dans notre quotidien, imaginons une journée typique dans la vie de Sophie, une urbaniste de 42 ans, en 2025.

Matin : La routine optimisée

6:45 - Le réveil intelligent de Sophie s'active en douceur pendant une phase de sommeil léger, détectée par son matelas connecté. La lumière s'allume progressivement, imitant l'aube, tandis que son enceinte intelligente lui annonce la météo et les principaux points de son agenda du jour.

7:15 - Pendant son petit-déjeuner, Sophie demande à son assistant vocal de lui résumer les actualités importantes. Celui-ci lui présente une sélection personnalisée de nouvelles, en mettant l'accent sur l'urbanisme et la mobilité, ses centres d'intérêt professionnels.

7:30 - En ouvrant son réfrigérateur, Sophie voit une notification sur l'écran intégré, lui suggérant une liste de courses basée sur les aliments manquants et ses habitudes alimentaires. D'un geste, elle valide la liste qui est automatiquement ajoutée à son application de supermarché en ligne.

8:00 - Sophie reçoit une alerte de son application de transport : un accident perturbe son trajet habituel. L'application lui suggère instantanément un itinéraire alternatif combinant métro et vélo partagé, en tenant compte de ses préférences et de la météo favorable.

Journée de travail : Productivité augmentée

9:00 - Arrivée au bureau, Sophie ouvre son dashboard professionnel qui a déjà trié ses emails par priorité et préparé un résumé des points importants. Un assistant d'écriture l'aide à rédiger rapidement des réponses professionnelles aux messages les plus urgents.

10:30 - Pour son projet d'aménagement urbain, Sophie utilise un logiciel de simulation augmenté par IA. Elle peut visualiser l'impact de différentes configurations sur les flux de circulation, l'ensoleillement, et même le bien-être estimé des habitants, grâce à des modèles prédictifs basés sur des données de villes similaires.

12:00 - Pour le déjeuner, son application de restaurants lui suggère un nouveau café correspondant à ses goûts culinaires, avec une réduction spéciale pour les nouveaux clients. En chemin, elle utilise la réalité augmentée pour visualiser le menu directement depuis la rue.

14:30 - Pendant une réunion, un outil de prise de notes transcrit et synthétise automatiquement les discussions. Le système identifie les actions à entreprendre et les assigne aux participants concernés, en intégrant ces tâches directement dans leurs calendriers respectifs.

16:00 - Sophie reçoit une proposition d'un outil de collaboration qui a identifié des synergies entre son projet actuel et celui d'une collègue travaillant dans une autre division. L'IA a analysé les documents des deux projets et suggère une réunion en mettant en évidence les points de collaboration potentiels.

Soirée : Détente personnalisée

18:30 - En rentrant chez elle, Sophie trouve sa maison à température idéale, les lumières ajustées à son humeur habituelle de fin de journée, et une playlist de musique relaxante que son système a appris à associer à ses soirées du mardi.

19:30 - Pour le dîner, un assistant culinaire lui suggère une recette utilisant les ingrédients disponibles dans son réfrigérateur. Pendant qu'elle cuisine, le système l'aide en lui donnant des instructions vocales et en ajustant le temps de cuisson en fonction de son four spécifique.

20:45 - Sophie s'installe pour regarder une série. Plutôt que de passer du temps à chercher, sa plateforme de streaming lui suggère directement un nouveau show qui correspond précisément à ses goûts, avec une bande-annonce personnalisée mettant en avant les aspects qu'elle appréciera le plus.

22:30 - Avant de se coucher, son assistant de sommeil ajuste l'éclairage, la température et propose une méditation guidée adaptée à son niveau de stress détecté. Pendant son sommeil, les capteurs surveilleront ses cycles pour optimiser son réveil le lendemain matin.

RÉFLEXION PERSONNELLE □

Prenez un moment pour réfléchir à votre propre journée. Combien d'interactions avec l'IA avez-vous déjà ? Quelles tâches quotidiennes seraient, selon vous, améliorées par une assistance intelligente ? Y a-t-il des domaines où vous préféreriez délibérément éviter l'automatisation et garder un contrôle entièrement manuel ?

Les enjeux de cette intégration dans le quotidien

Cette omniprésence de l'IA dans notre vie quotidienne soulève d'importantes questions que nous devons considérer collectivement.

L'équilibre entre confort et dépendance

- Comment maintenir notre autonomie face à des systèmes qui anticipent nos besoins ?
- Quelles compétences devons-nous préserver malgré l'automatisation croissante ?
- Comment éviter que les pannes techniques ou les cyberattaques ne paralysent notre quotidien ?

La fracture numérique et l'équité

- Comment s'assurer que les bénéfices de l'IA profitent à tous, indépendamment de l'âge, du revenu ou de la localisation ?
- Quel accompagnement pour les personnes moins familières avec ces technologies ?
- Comment éviter que l'IA n'accentue les inégalités existantes ?

La vie privée dans un monde connecté

- Quel équilibre entre la personnalisation des services et la protection de notre intimité ?
- Comment garder le contrôle sur nos données personnelles ?
- Quels espaces de nos vies souhaitons-nous préserver de la numérisation ?

L'impact environnemental

- Comment concilier la consommation énergétique croissante des systèmes d'IA avec les impératifs écologiques ?
- L'IA peut-elle contribuer significativement à résoudre les défis environnementaux ?
- Quel cycle de vie pour les objets connectés qui se multiplient dans nos maisons ?

Ces questions ne sont pas simplement techniques, mais fondamentalement sociales et politiques. Elles appellent à une réflexion collective sur le type de société que nous souhaitons construire avec ces technologies.

Conclusion : Naviguer dans un monde augmenté par l'IA

Comme nous l'avons vu à travers ce chapitre, l'intelligence artificielle est déjà profondément intégrée dans notre quotidien, de notre smartphone à notre lieu de travail, en passant par notre domicile et les services publics que nous utilisons.

Cette présence croissante de l'IA soulève autant de questions que d'opportunités. Elle promet un quotidien plus fluide, plus personnalisé et plus efficace, mais nous invite aussi à réfléchir à notre relation à la technologie, à la protection de notre vie privée, et à l'équité dans l'accès à ces innovations.

La bonne nouvelle est que nous ne sommes pas de simples spectateurs de cette transformation. Par nos choix individuels d'adoption ou de limitation de certaines technologies, par notre participation aux débats publics, et par nos exigences en tant que consommateurs et citoyens, nous pouvons contribuer à façonner un avenir où l'IA amplifierait le meilleur de l'humain plutôt que de le diminuer.

Dans le prochain chapitre, nous explorerons plus en détail ces promesses et ces défis, pour mieux comprendre comment naviguer dans ce nouveau monde augmenté par l'intelligence artificielle.

Questions de réflexion :

1. Dans quels aspects de votre vie quotidienne l'IA a-t-elle déjà un impact significatif ? Cet impact est-il majoritairement positif ou négatif ?
2. Quelles tâches seriez-vous heureux de déléguer à l'IA, et lesquelles préférez-vous conserver sous contrôle humain ?
3. Comment l'intégration de l'IA dans les services publics pourrait-elle améliorer votre relation avec l'administration ? Quelles précautions seraient nécessaires ?
4. Quel équilibre entre personnalisation et protection de la vie privée vous semble optimal ?
5. Comment pourriez-vous aider un proche moins familier avec la technologie à bénéficier des avantages de l'IA tout en évitant les pièges potentiels ?

Mini-glossaire du chapitre :

- **Maison intelligente (Smart home)** : Habitation équipée d'appareils connectés qui peuvent être contrôlés à distance et automatisés pour améliorer le confort, la sécurité et l'efficacité énergétique.
- **Photographie computationnelle** : Technique utilisant l'IA pour améliorer les photos prises sur smartphone, en

combinant plusieurs images ou en appliquant des améliorations automatiques.

- **Maintenance prédictive** : Approche utilisant l'IA pour anticiper les pannes et défaillances d'équipements avant qu'elles ne surviennent, permettant une intervention préventive.
- **Apprentissage adaptatif** : Méthode d'enseignement utilisant l'IA pour personnaliser le contenu et le rythme d'apprentissage en fonction des besoins spécifiques de chaque élève.
- **Commerce augmenté** : Intégration de technologies d'IA dans l'expérience d'achat pour la rendre plus personnalisée, immersive et efficace.
- **Transport multimodal** : Combinaison intelligente de différents modes de transport (voiture, vélo, transports en commun) optimisée par l'IA selon les conditions en temps réel.

Chapitre 4 : Les promesses et défis de l'IA

Après avoir exploré les diverses applications de l'intelligence artificielle dans notre quotidien, il est essentiel de prendre du recul pour examiner plus largement ses promesses et ses défis. L'IA suscite autant d'espoirs que de craintes, et il est important de démêler les réalités des fantasmes pour en avoir une vision équilibrée.

Ce que l'IA peut faire (et ne peut pas faire)

L'IA est souvent présentée soit comme la solution à tous nos problèmes, soit comme une menace existentielle pour l'humanité. La réalité est bien plus nuancée et se situe quelque part entre ces deux extrêmes.

Les capacités actuelles de l'IA

Commençons par ce que l'IA sait bien faire aujourd'hui :

Reconnaître des patterns dans les données

C'est la force principale de l'IA moderne : identifier des motifs récurrents dans de grandes quantités de données. Cette capacité est à l'origine de ses succès en reconnaissance d'images, de sons, de textes, et en analyse prédictive.

Par exemple, un système d'IA peut examiner des milliers de radiographies pulmonaires et apprendre à reconnaître les signes précoces d'une pneumonie, parfois avec une précision supérieure à celle de radiologues expérimentés.

Automatiser des tâches répétitives et bien définies

L'IA excelle dans l'automatisation de tâches qui suivent des règles claires ou des patterns identifiables. Du tri de colis dans un entrepôt à la vérification de défauts sur une chaîne de production, ces tâches sont parfaitement adaptées aux capacités des systèmes actuels.

EXEMPLE CONCRET 🏦

Dans le secteur bancaire, les systèmes d'IA analysent désormais des millions de transactions en temps réel pour détecter les fraudes. Un grand groupe bancaire européen a réduit de 60% ses fausses alertes tout en augmentant de 50% sa détection de fraudes réelles après avoir implémenté un système d'IA avancé. Ces systèmes identifient des patterns subtils - comme des séquences inhabituelles de petites transactions suivies d'un retrait important - que les méthodes traditionnelles basées sur des règles ne pouvaient pas détecter efficacement.

Traiter le langage de manière statistique

Les modèles de langage récents peuvent générer des textes cohérents, traduire entre langues, résumer des documents ou répondre à des questions. Ils fonctionnent en analysant statistiquement d'énormes corpus de textes pour prédire les séquences de mots les plus probables.

Optimiser des systèmes complexes

L'IA peut analyser d'innombrables variables pour optimiser des systèmes complexes : réseaux électriques, chaînes logistiques, itinéraires de livraison, ou allocation de ressources dans un hôpital.

S'améliorer avec les données et l'expérience

Contrairement aux logiciels traditionnels, les systèmes d'IA peuvent s'améliorer au fil du temps en intégrant de nouvelles données et en apprenant de leurs erreurs, à condition d'être correctement conçus pour cela.

Les limites actuelles de l'IA

En contrepartie, voici ce que l'IA ne sait pas (encore) bien faire :

Comprendre le sens profond

Malgré leurs impressionnantes capacités linguistiques, les systèmes d'IA actuels n'ont pas de véritable compréhension du sens des mots qu'ils manipulent. Ils peuvent produire un texte qui semble intelligent, mais n'ont pas la compréhension conceptuelle ou contextuelle qu'un humain possède.

Par exemple, un modèle de langage pourrait générer un texte cohérent sur le chocolat sans avoir jamais goûté de chocolat, sans savoir ce qu'est la douceur, sans comprendre réellement la différence entre une expérience gustative et une description de cette expérience.

Faire preuve de sens commun

Les systèmes d'IA peuvent facilement être mis en défaut par des situations qui requièrent du "bon sens", ces connaissances évidentes que nous acquérons par notre expérience du monde physique et social.

Par exemple, un système pourrait ne pas comprendre qu'une tasse renversée déverse son contenu, ou qu'une personne ne peut pas être à deux endroits en même temps.

EXEMPLE RÉVÉLATEUR □

Même les systèmes d'IA les plus avancés peuvent échouer sur des questions de bon sens que n'importe quel enfant de cinq ans résoudrait facilement. Par exemple, quand on demande à un modèle de langage avancé : "Si j'ai trois pommes et que j'en donne quatre à mon ami, combien m'en reste-t-il ?", il pourrait répondre "Il vous reste -1 pomme", sans reconnaître l'impossibilité physique de donner plus de pommes qu'on n'en possède. Cette limite illustre le fossé entre le traitement statistique du langage et la véritable compréhension du monde.

Transférer les connaissances entre domaines

Un système d'IA entraîné pour jouer aux échecs ne peut pas appliquer ses apprentissages pour jouer au poker sans être spécifiquement réentraîné. Cette capacité de transfert, naturelle pour les humains, reste limitée dans les systèmes actuels.

Raisonner causalement

L'IA actuelle excelle à identifier des corrélations, mais peine à établir des relations de cause à effet. Elle peut observer que A est souvent suivi de B, mais ne comprend pas nécessairement que A cause B.

Faire preuve de créativité véritable

Bien que les systèmes d'IA puissent générer des contenus qui semblent créatifs, ils recombinent essentiellement des éléments de leurs données d'entraînement de manière nouvelle. Ils ne créent pas véritablement à partir de rien et n'ont pas d'intention créative ou de compréhension esthétique.

Avoir une conscience ou des émotions

Contrairement à ce que suggèrent science-fiction et certains titres sensationnalistes, les systèmes d'IA actuels n'ont ni conscience de soi, ni expériences subjectives, ni émotions. Ils peuvent simuler ces aspects dans leurs interactions, mais cette simulation ne correspond à aucune réalité interne.

Une question de contexte et de degrés

Il est important de noter que ces capacités et limites ne sont pas absolues, mais dépendent du contexte et se manifestent à différents degrés.

Par exemple, un système de traduction automatique n'a pas besoin de comprendre profondément le sens d'un texte pour produire une traduction utile. De même, un système de recommandation musical n'a pas besoin d'apprécier réellement la musique pour suggérer des morceaux qui vous plairont.

L'IA actuelle est souvent qualifiée d'"étroite" ou de "faible", car elle est conçue pour des tâches spécifiques et n'a pas les capacités générales et la compréhension profonde que nous associons à l'intelligence humaine. Une hypothétique "IA générale" qui égalerait ou dépasserait l'intelligence humaine dans tous les domaines reste pour l'instant du domaine de la spéculation.

Domaine	Ce que l'IA fait bien	Ce que l'IA fait moins bien
Langage	Génération de texte fluide, traduction, résumé	Compréhension contextuelle profonde,

Domaine	Ce que l'IA fait bien	Ce que l'IA fait moins bien
		saisir l'humour ou l'ironie subtile
Vision	Reconnaissance d'objets, détection de patterns visuels	Comprendre les relations causales dans une scène, interpréter des situations ambiguës
Raisonnement	Analyses statistiques, optimisation de systèmes bien définis	Raisonnement abstrait, adaptabilité à des situations nouvelles
Créativité	Génération basée sur des patterns existants	Innovation véritablement originale, création avec intention
Émotions	Analyse basique des sentiments dans un texte	Empathie authentique, compréhension des nuances émotionnelles

Le défi de l'explicabilité

Un défi particulier de l'IA moderne est son caractère souvent opaque. Les systèmes de deep learning fonctionnent comme des "boîtes noires" dont les décisions peuvent être difficiles à expliquer, même pour leurs créateurs.

Cette opacité pose problème lorsque ces systèmes sont utilisés pour des décisions importantes : diagnostics médicaux, prêts bancaires, ou procédures judiciaires. Comment faire confiance à une décision dont on ne peut pas comprendre le raisonnement ?

Le domaine de "l'IA explicable" cherche à développer des systèmes dont les décisions peuvent être comprises et vérifiées par des humains, un équilibre délicat entre performance et transparence.

Les questions éthiques : vie privée, biais, décisions automatisées

L'IA soulève de nombreuses questions éthiques qui deviennent de plus en plus pressantes à mesure que ces technologies se répandent dans notre société.

La vie privée et la surveillance

L'IA moderne, particulièrement le deep learning, nécessite d'énormes quantités de données pour fonctionner efficacement. Cet appétit pour les données soulève des questions importantes sur la vie privée.

La collecte omniprésente de données

Nos interactions quotidiennes génèrent constamment des données : recherches web, achats en ligne, déplacements, conversations, images capturées par caméras de surveillance... Ces données alimentent les systèmes d'IA qui nous entourent.

Cette collecte pose plusieurs questions :

- Les personnes sont-elles pleinement informées de cette collecte ?
- Ont-elles véritablement consenti à ces usages ?
- Peuvent-elles accéder à leurs données et les contrôler ?

RÉFLEXION ÉTHIQUE ⚖️

Imaginez un assistant vocal qui écoute constamment dans votre salon pour détecter ses mots d'activation. Il peut enregistrer accidentellement des conversations privées, des moments intimes ou des informations sensibles. Même si l'entreprise qui a conçu cet assistant affirme que les données sont anonymisées ou utilisées uniquement pour améliorer le service, cela soulève d'importantes questions : Sommes-nous conscients de ce que nous cédons en échange de la commodité ? Qui décide comment ces données seront utilisées à l'avenir ? Quelles garanties avons-nous qu'elles ne seront pas utilisées à des fins que nous n'approuverions pas ?

La reconnaissance faciale et biométrique

Ces technologies permettent une identification automatique des personnes, avec des applications utiles (déverrouillage de téléphone, sécurité) mais aussi inquiétantes (surveillance de masse, tracking commercial).

Plusieurs villes et pays ont commencé à réguler ces technologies, reconnaissant leurs implications potentielles pour les libertés civiles.

Le profilage et la prédiction comportementale

Au-delà de la simple collecte, l'IA permet d'analyser ces données pour prédire nos comportements, préférences et même nos états émotionnels.

Ces capacités prédictives peuvent être utilisées pour personnaliser des services, mais aussi pour manipuler subtilement nos choix, comme l'ont montré certains scandales impliquant des réseaux sociaux et des campagnes politiques.

Les biais et discriminations

Les systèmes d'IA ne sont pas intrinsèquement objectifs ou neutres. Ils reflètent et peuvent amplifier les biais présents dans leurs données d'entraînement et dans les choix de leurs concepteurs.

Des données biaisées, des résultats biaisés

Si un système est entraîné sur des données historiques contenant des biais (par exemple, des décisions d'embauche discriminatoires), il risque de reproduire et même d'amplifier ces biais dans ses propres décisions.

Des cas problématiques ont déjà été documentés :

- Systèmes de recrutement défavorisant les femmes
- Algorithmes judiciaires pénalisant indûment certaines minorités
- Systèmes de reconnaissance faciale moins précis pour certains groupes ethniques

Les biais subtils et invisibles

Certains biais sont évidents, d'autres beaucoup plus subtils et difficiles à détecter. Par exemple, un système de traduction automatique pourrait associer systématiquement certains métiers prestigieux à un genre particulier.

Ces biais subtils peuvent collectivement renforcer des stéréotypes existants et influencer inconsciemment notre vision du monde.

EXEMPLE RÉEL 🌍

En 2018, des chercheurs ont analysé les résultats de recherche d'images Google pour différentes professions. Pour des termes neutres comme "CEO" ou "médecin", les images montraient majoritairement des hommes blancs, ne reflétant pas la diversité réelle de ces professions. Ce biais, bien que subtil, peut insidieusement renforcer des stéréotypes sociaux. Comme l'a expliqué l'une des chercheuses : "Si vous ne voyez pas de femmes CEO en ligne, vous pourriez inconsciemment en déduire qu'il s'agit d'une anomalie, alors que c'est simplement le reflet d'un biais dans les données d'entraînement."

La diversité comme solution partielle

Un moyen de combattre ces biais est d'assurer une plus grande diversité dans les équipes qui développent ces systèmes. Des perspectives variées permettent d'identifier des problèmes qui pourraient autrement passer inaperçus.

Cependant, cette approche ne suffit pas. Des méthodes techniques sont également nécessaires pour détecter et corriger les biais algorithmiques, comme des tests systématiques sur différents groupes démographiques.

Les décisions automatisées et l'autonomie humaine

À mesure que l'IA prend en charge davantage de décisions, des questions fondamentales se posent sur l'autonomie humaine et la responsabilité.

Qui est responsable des décisions de l'IA ?

Lorsqu'un système d'IA prend une décision incorrecte ou préjudiciable, qui en est responsable ? Le développeur du système ? L'entreprise qui le déploie ? L'utilisateur qui s'y fie ?

Cette question devient particulièrement critique dans des domaines comme les véhicules autonomes, où des décisions algorithmiques peuvent avoir des conséquences littéralement vitales.

Le droit à l'explication et au recours

De nombreux experts et législateurs estiment que les personnes affectées par des décisions automatisées devraient avoir le droit de comprendre ces décisions et de les contester.

Le Règlement Général sur la Protection des Données (RGPD) en Europe inclut certaines protections en ce sens, notamment le droit de ne pas être soumis uniquement à des décisions automatisées pour des décisions importantes.

L'équilibre humain-machine

La question n'est souvent pas de choisir entre décision humaine et décision automatisée, mais de trouver le bon équilibre entre les deux.

Les approches les plus prometteuses voient l'IA comme un outil d'aide à la décision qui amplifie le jugement humain, plutôt que comme un remplaçant de celui-ci.

APPROCHE ÉQUILIBRÉE □

Dans le domaine médical, un modèle prometteur est celui de la "décision augmentée" plutôt que de la "décision automatisée". Par exemple, à l'hôpital universitaire de Stanford, un système d'IA analyse les radiographies pour détecter de potentielles anomalies, mais c'est toujours un radiologue qui examine chaque image. Le système attire l'attention du médecin sur des zones potentiellement problématiques, lui permettant d'être plus efficace et précis, tout en gardant la responsabilité finale du diagnostic. Des études montrent que cette collaboration humain-IA surpasse tant l'IA seule que le médecin travaillant sans assistance.

L'impact sur l'emploi et la société

L'une des préoccupations les plus fréquentes concernant l'IA est son impact potentiel sur l'emploi et, plus largement, sur l'organisation de notre société.

L'automatisation et la transformation du travail

L'IA et l'automatisation qu'elle permet transforment profondément le monde du travail, avec des impacts variés selon les secteurs et les types d'emploi.

Les emplois à risque d'automatisation

Certains types d'emplois sont particulièrement vulnérables à l'automatisation par l'IA :

- Tâches routinières et répétitives (production industrielle, saisie de données)
- Tâches analytiques structurées (certaines analyses financières, revue de documents légaux)
- Certaines formes de transport et de logistique (avec l'avènement des véhicules autonomes)

Selon diverses études, entre 9% et 50% des emplois actuels pourraient être significativement transformés ou automatisés dans les prochaines décennies, une fourchette large qui reflète l'incertitude inhérente à ces prévisions.

Création et transformation d'emplois

En parallèle, l'IA crée de nouveaux types d'emplois :

- Développement et maintenance des systèmes d'IA

- Supervision et contrôle de qualité des systèmes automatisés
- Nouveaux services rendus possibles par ces technologies

Historiquement, les révolutions technologiques ont généralement créé plus d'emplois qu'elles n'en ont détruits, mais avec des périodes de transition potentiellement difficiles et une redistribution géographique et sectorielle.

PERSPECTIVE HISTORIQUE 📜

L'histoire des innovations technologiques nous montre que leurs effets sur l'emploi sont souvent plus complexes qu'une simple substitution. Quand les distributeurs automatiques de billets (DAB) ont été introduits dans les années 1970, beaucoup prédisaient la fin du métier de caissier de banque. Pourtant, le nombre de caissiers aux États-Unis a augmenté entre 1970 et 2010. Pourquoi ? Les DAB ont réduit le coût d'exploitation des agences, permettant aux banques d'en ouvrir davantage. De plus, les caissiers ont pu se concentrer sur des services à plus forte valeur ajoutée comme le conseil financier, transformant leur métier plutôt que de le faire disparaître. Cette histoire nous rappelle que l'IA pourrait transformer de nombreux emplois plutôt que les éliminer entièrement.

La complémentarité homme-machine

De nombreux emplois ne seront ni totalement automatisés ni totalement préservés, mais transformés par une nouvelle complémentarité homme-machine.

Par exemple, un radiologue travaillant avec un système d'IA de détection peut se concentrer sur les cas complexes et les interactions avec les patients, tandis que l'IA l'aide à repérer rapidement des anomalies potentielles.

Cette complémentarité peut améliorer la productivité et la qualité du travail, mais nécessite de nouvelles compétences et une adaptation des formations.

Les inégalités économiques et le partage de la valeur

Au-delà de l'emploi, l'IA soulève des questions fondamentales sur la distribution des richesses dans une économie de plus en plus automatisée.

La concentration de la valeur

Les technologies d'IA tendent à créer des dynamiques de "winner-takes-all" (le gagnant rafle tout) : les entreprises qui possèdent les meilleures technologies, les plus grandes quantités de données et les talents les plus rares peuvent distancer rapidement leurs concurrents.

Cette dynamique peut accentuer la concentration économique et les inégalités entre entreprises, régions et pays.

La question de la redistribution

Si une part croissante de la production économique est générée par des machines, comment s'assurer que les bénéfices soient équitablement partagés ?

Diverses propositions émergent pour répondre à ce défi :

- Taxation des robots ou de l'automatisation
- Revenu universel de base
- Réduction du temps de travail
- Investissement massif dans l'éducation et la reconversion

Ces questions dépassent le cadre purement technologique et touchent aux fondements de notre contrat social.

L'impact sur les relations sociales et le bien-être

L'IA influence également nos relations sociales et notre bien-être psychologique, parfois de manière subtile mais profonde.

La médiation technologique des relations

De plus en plus de nos interactions sont médiées par des technologies qui utilisent l'IA : réseaux sociaux, applications de rencontre, assistants virtuels...

Ces intermédiaires technologiques peuvent enrichir nos connexions, mais aussi les appauvrir ou les déformer, notamment lorsque des algorithmes d'engagement maximisent le temps passé sur les plateformes plutôt que la qualité des interactions.

L'économie de l'attention

Les systèmes de recommandation et de personnalisation alimentés par l'IA sont souvent conçus pour capturer et retenir notre attention, créant parfois des dynamiques addictives.

Cette "économie de l'attention" peut avoir des effets néfastes sur notre concentration, notre sommeil, notre santé mentale et notre capacité à nous engager dans des activités profondes et significatives.

RÉFLEXION SOCIÉTALE □

Nos outils digitaux, de plus en plus pilotés par l'IA, sont conçus pour maximiser notre engagement. Notifications, fils d'actualité infinis, recommandations ultra-personnalisées - tout est optimisé pour capter notre attention. Or, l'attention est une ressource mentale limitée, essentielle à notre capacité de réflexion profonde et de connexion authentique avec les autres. Comme l'a noté le philosophe James Williams, "Si vous contrôlez l'attention des gens, vous contrôlez leur vie." Cette captation algorithmique de notre attention est peut-être l'un des enjeux les plus sous-estimés de l'ère de l'IA. La question n'est pas seulement économique ou technologique, mais profondément philosophique : à quoi voulons-nous collectivement consacrer notre attention limitée ?

L'autonomie et la dépendance technologique

À mesure que nous déléguons davantage de décisions et de tâches à l'IA (de la navigation GPS aux recommandations culturelles), nous risquons de perdre certaines compétences et une partie de notre autonomie.

Trouver le bon équilibre entre assistance technologique et préservation de nos capacités reste un défi important.

La fracture numérique et l'accès à l'IA

Dans toute discussion sur l'IA, il est crucial de considérer comment ses bénéfices et ses risques sont distribués à travers les différentes populations.

Les multiples dimensions de la fracture numérique

La fracture numérique liée à l'IA se manifeste à plusieurs niveaux.

Accès aux infrastructures de base

Près de la moitié de la population mondiale n'a toujours pas accès à internet, prérequis pour utiliser la plupart des services basés sur l'IA.

Cette fracture fondamentale recoupe souvent d'autres inégalités : géographiques (rural/urbain), économiques, générationnelles, ou liées au handicap.

Compétences numériques et littératie IA

Au-delà de l'accès physique, comprendre et utiliser efficacement ces technologies requiert des compétences spécifiques :

- Compétences numériques de base
- Compréhension des concepts fondamentaux de l'IA
- Capacité à évaluer critiquement les résultats et recommandations algorithmiques

Ces compétences sont inégalement distribuées et souvent corrélées au niveau d'éducation.

Représentation dans les données d'entraînement

Les populations moins représentées dans les données utilisées pour entraîner les systèmes d'IA risquent d'être moins bien servies par ces technologies.

Par exemple, les systèmes de reconnaissance vocale peuvent être moins précis pour certains accents, dialectes ou langues minoritaires.

CAS CONCRET □

Un chercheur ghanéen a remarqué que les systèmes de traduction automatique performaient nettement moins bien sur les langues africaines que sur les langues européennes ou asiatiques. Son analyse a révélé que pour l'anglais vers le français, les modèles étaient entraînés sur des milliards de phrases, tandis que pour l'anglais vers le yoruba (parlé par 40 millions de personnes), ils n'avaient que quelques milliers d'exemples. Ce déséquilibre dans les données d'entraînement crée une fracture linguistique où certaines populations n'ont pas accès à la même qualité de services IA, perpétuant ainsi des inégalités préexistantes dans l'accès à l'information et au savoir.

Les conséquences de l'exclusion

L'exclusion de certaines populations des bénéfices de l'IA peut créer un cercle vicieux d'inégalités croissantes.

Accès inégal aux opportunités

Si les emplois, l'éducation, les soins de santé ou les services publics deviennent de plus en plus dépendants de l'IA, les personnes exclues de ces technologies risquent d'être doublement désavantagées.

Par exemple, les outils d'IA pour l'éducation pourraient creuser l'écart entre les élèves ayant accès à ces ressources et ceux qui en sont privés.

Invisibilité algorithmique

Les populations sous-représentées dans les données risquent de devenir "invisibles" pour les systèmes algorithmiques qui informent de plus en plus de décisions importantes.

Cette invisibilité peut perpétuer et amplifier des marginalisations existantes.

Dépendance aux solutions importées

Les pays ou communautés qui ne développent pas leurs propres capacités en IA risquent de devenir dépendants de technologies développées ailleurs, potentiellement inadaptées à leurs contextes spécifiques.

Vers une IA inclusive et accessible

Face à ces défis, diverses initiatives visent à rendre l'IA plus inclusive et accessible.

Conception universelle et inclusive

La conception inclusive vise à créer des produits et services d'IA utilisables par le plus grand nombre de personnes possible, indépendamment de leurs capacités ou contextes.

Cela peut inclure des interfaces multimodales (texte, voix, visuel), des options de personnalisation, ou une attention particulière aux besoins des personnes en situation de handicap.

Développement de capacités locales

Pour éviter une dépendance technologique, il est essentiel de développer des capacités locales en IA à travers le monde :

- Formation de talents locaux
- Investissement dans la recherche et développement
- Adaptation des technologies aux contextes locaux
- Collecte de données représentatives des populations locales

Politiques publiques pour l'inclusion

Les gouvernements peuvent jouer un rôle clé pour assurer un accès équitable :

- Investissement dans les infrastructures numériques
- Inclusion de la littératie numérique et IA dans l'éducation
- Régulations favorisant l'accessibilité des services essentiels
- Soutien aux initiatives d'IA pour le bien commun

L'IA pour le développement

L'IA peut être spécifiquement orientée vers des objectifs de développement et d'inclusion :

- Diagnostic médical accessible dans les régions mal desservies
- Éducation personnalisée pour les apprenants défavorisés
- Services adaptés aux personnes illettrées ou handicapées
- Solutions pour les défis spécifiques aux pays en développement

INNOVATION INCLUSIVE 💡

En Inde, le projet Haqdarshak utilise l'IA pour aider les populations rurales à accéder aux programmes sociaux gouvernementaux. Une application mobile alimentée par l'IA analyse la situation personnelle d'un individu (revenus, âge, localisation, composition familiale) et identifie automatiquement tous les programmes d'aide auxquels cette personne est éligible, parmi les centaines existants. Des agents de terrain équipés de cette application aident ensuite les villageois à compléter les formalités nécessaires. Ce système a déjà permis à plus de 1,2 million de familles d'accéder à des aides auxquelles elles avaient droit mais qu'elles ignoraient, démontrant comment l'IA peut contribuer à l'inclusion sociale quand elle est conçue avec cet objectif.

Un enjeu de gouvernance globale

Les questions d'accès et d'inclusion ne peuvent être résolues uniquement au niveau local ou national. Elles nécessitent une coordination internationale.

Standards et normes partagés

Des standards internationaux pour l'accessibilité, l'interopérabilité et l'éthique de l'IA peuvent aider à promouvoir un développement plus inclusif de ces technologies.

Transfert de connaissances et de technologies

Le partage de connaissances, d'outils open source et de bonnes pratiques peut aider à démocratiser l'accès aux technologies d'IA.

Représentation diverse dans les instances de gouvernance

Les instances qui élaborent les règles et standards de l'IA doivent inclure des voix diverses, représentant différentes régions, cultures et perspectives.

L'IA et l'environnement : défis et opportunités

L'empreinte carbone de l'IA

Le développement et l'utilisation de l'IA ont un coût environnemental significatif.

L'entraînement énergivore des grands modèles

L'entraînement des grands modèles d'IA, particulièrement ceux de deep learning, nécessite une puissance de calcul considérable. Une étude a estimé que l'entraînement d'un seul grand modèle de langage peut générer autant d'émissions de CO_2 qu'environ cinq voitures pendant toute leur durée de vie.

Cette consommation énergétique provient principalement :

- Des milliers de processeurs et cartes graphiques fonctionnant à pleine puissance pendant des semaines
- Des systèmes de refroidissement nécessaires pour ces centres de calcul
- Du stockage et du transfert des énormes quantités de données utilisées

Les centres de données toujours plus nombreux

Le déploiement de l'IA à grande échelle nécessite des infrastructures de cloud computing massives. Les centres de données qui hébergent ces services consomment d'importantes quantités d'électricité et d'eau (pour le refroidissement).

DONNÉES CONCRÈTES ◆

Un centre de données typique hébergeant des services d'IA peut consommer jusqu'à 4 millions de litres d'eau par jour pour son refroidissement, soit l'équivalent de la consommation d'une ville de 30 000 habitants. Cette utilisation intensive des ressources pose des défis particuliers dans les régions confrontées au stress hydrique. Certaines entreprises comme Microsoft et Google expérimentent désormais des centres de données sous-marins ou refroidis à l'air pour réduire cette empreinte écologique.

La multiplication des objets connectés

L'essor de l'IA s'accompagne d'une prolifération d'objets connectés (IoT) qui posent des défis spécifiques :

- Consommation énergétique cumulée de milliards d'appareils
- Question de la durabilité et de l'obsolescence programmée
- Problématique du recyclage des composants électroniques

L'IA au service de la durabilité environnementale

Paradoxalement, l'IA offre aussi des opportunités majeures pour résoudre certains défis environnementaux.

Optimisation énergétique

L'IA peut contribuer à une utilisation plus efficiente de l'énergie à différentes échelles :

- **Réseaux électriques intelligents** qui équilibrent mieux l'offre et la demande, facilitant l'intégration des énergies renouvelables intermittentes
- **Bâtiments intelligents** qui réduisent la consommation en chauffage et climatisation de 10-30%
- **Optimisation des procédés industriels** pour réduire leur intensité énergétique

Monitoring environnemental

L'IA transforme notre capacité à surveiller et comprendre les écosystèmes :

- **Analyse d'images satellites** pour suivre la déforestation, l'évolution des glaciers ou la santé des océans
- **Réseaux de capteurs intelligents** pour détecter la pollution de l'air ou de l'eau en temps réel
- **Suivi des espèces menacées** par reconnaissance automatique dans les images de pièges photographiques

Economie circulaire et réduction des déchets

L'IA peut faciliter la transition vers une économie plus circulaire :

- **Optimisation des chaînes logistiques** pour réduire le gaspillage

- **Tri intelligent des déchets** pour améliorer le recyclage
- **Conception de produits** optimisés pour la durabilité et la réparabilité

EXEMPLE INSPIRANT ⚘

L'entreprise Wasteless utilise l'IA pour réduire le gaspillage alimentaire dans les supermarchés. Son système ajuste automatiquement les prix des produits en fonction de leur date de péremption : plus celle-ci approche, plus le prix baisse, suivant un algorithme qui optimise à la fois la réduction du gaspillage et la rentabilité du magasin. Les tests initiaux ont montré une réduction de 40% du gaspillage alimentaire dans les supermarchés utilisant ce système, tout en augmentant les revenus des détaillants de 2-3%. C'est un exemple parfait de la façon dont l'IA peut créer des situations gagnant-gagnant pour l'environnement et l'économie.

Vers une IA plus verte

Face à ces défis, chercheurs et entreprises explorent des voies pour réduire l'empreinte environnementale de l'IA.

Efficience algorithmique

Plutôt que de simplement augmenter la puissance de calcul, des recherches visent à créer des algorithmes plus efficients :

- Modèles plus légers nécessitant moins de ressources
- Techniques de "distillation" pour créer des versions compactes de grands modèles
- Méthodes d'apprentissage qui requièrent moins de données

Infrastructures vertes

Les fournisseurs de services d'IA investissent dans des infrastructures plus durables :

- Centres de données alimentés par des énergies renouvelables
- Systèmes de refroidissement innovants moins gourmands en eau
- Récupération de la chaleur produite pour chauffer des bâtiments voisins

Mesure et transparence

Une première étape vers la durabilité est de mieux mesurer l'impact environnemental :

- Développement de métriques standardisées pour l'empreinte carbone des modèles d'IA
- Transparence sur la consommation de ressources des services d'IA
- Intégration de considérations environnementales dans le choix des modèles et applications

Gouvernance et régulation : encadrer un développement responsable

Face aux enjeux multiples de l'IA, comment assurer que son développement et son déploiement soient bénéfiques pour l'ensemble de la société ?

Les principes éthiques émergents

À travers le monde, organisations, entreprises, et gouvernements élaborent des principes pour guider un développement responsable de l'IA.

Convergence autour de valeurs clés

Malgré des approches différentes, plusieurs principes font consensus :

- **Transparence et explicabilité** : les décisions algorithmiques devraient être compréhensibles
- **Équité et non-discrimination** : l'IA ne devrait pas perpétuer ou amplifier les biais existants
- **Respect de la vie privée et des données** : les systèmes d'IA devraient protéger les informations personnelles
- **Sécurité et robustesse** : l'IA devrait fonctionner de manière fiable et sûre
- **Responsabilité** : des mécanismes clairs pour attribuer la responsabilité des décisions automatisées
- **Bien-être humain** : l'IA devrait être développée pour bénéficier à l'humanité

Du principe à la pratique

Le défi majeur reste de traduire ces principes abstraits en pratiques concrètes. Comment mesurer la "transparence" ? Comment définir précisément "l'équité" ? Comment arbitrer entre des principes potentiellement contradictoires ?

DILEMME CONCRET ⚖️

Un système d'IA médicale pourrait être plus précis mais moins explicable (utilisant un réseau de neurones complexe), ou moins précis mais plus transparent (utilisant un modèle plus simple).

Quel principe privilégier ? La précision qui pourrait sauver plus de vies, ou l'explicabilité qui permettrait aux médecins de mieux comprendre et éventuellement contester les recommandations ? Ces compromis difficiles illustrent pourquoi les principes éthiques abstraits, bien que nécessaires, ne suffisent pas à guider les décisions pratiques dans le développement et le déploiement de l'IA.

Approches réglementaires émergentes

Face à ces enjeux, différentes approches réglementaires se développent à travers le monde.

L'approche européenne : régulation préventive

L'Union Européenne a adopté une approche proactive avec son "AI Act", qui propose une réglementation basée sur le niveau de risque :

- **Risque inacceptable** : applications interdites (notation sociale, manipulation subliminale)
- **Risque élevé** : exigences strictes (transparence, supervision humaine, tests)
- **Risque limité** : obligations de transparence (déclarer qu'on interagit avec une IA)
- **Risque minimal** : pas de régulation spécifique

L'approche américaine : sectorielle et post-marché

Les États-Unis ont privilégié une approche moins centralisée :

- Réglementations sectorielles (santé, finance, transport)
- Focus sur l'application des lois existantes (anti-discrimination, protection des consommateurs)
- Encouragement à l'autorégulation de l'industrie

Les approches asiatiques : entre contrôle et promotion

Des pays comme la Chine, Singapour ou le Japon développent des approches distinctes :

- Priorité au développement économique et technologique
- Contrôle plus strict des applications touchant à la sécurité nationale
- Cadres éthiques intégrant des valeurs culturelles spécifiques

Vers une gouvernance participative

Au-delà des réglementations gouvernementales, une gouvernance plus large et inclusive se dessine.

Implication de multiples parties prenantes

Le développement responsable de l'IA nécessite l'implication de divers acteurs :

- **Scientifiques et ingénieurs** qui créent les technologies
- **Entreprises** qui les déploient
- **Gouvernements** qui établissent les cadres réglementaires
- **Société civile** qui représente les intérêts des citoyens
- **Utilisateurs finaux** qui vivent avec ces technologies

Mécanismes de contrôle démocratique

Diverses initiatives cherchent à démocratiser la gouvernance de l'IA :

- Consultations publiques sur les réglementations proposées
- Comités d'éthique pluridisciplinaires au sein des organisations
- Audits indépendants des systèmes à haut risque

- Éducation du public pour permettre un débat informé

Initiatives mondiales de coopération

La nature globale de l'IA appelle à une coordination internationale :

- Forums multilatéraux pour développer des normes communes
- Partage de bonnes pratiques entre régulateurs
- Coopération sur les risques systémiques potentiels
- Initiatives pour réduire les inégalités technologiques entre pays

Conclusion : Naviguer entre promesses et défis

Les promesses et défis de l'IA sont indissociables. Chaque avancée technologique ouvre de nouvelles possibilités, mais soulève également des questions éthiques, sociales et économiques complexes.

La bonne nouvelle est que le développement de l'IA n'est pas prédéterminé. Par nos choix collectifs -- en tant que citoyens, consommateurs, professionnels, et décideurs -- nous pouvons orienter cette technologie vers des applications bénéfiques tout en minimisant ses risques.

Une responsabilité partagée

Façonner l'avenir de l'IA est une responsabilité collective qui incombe à différents acteurs :

- **Les chercheurs et développeurs** doivent intégrer les considérations éthiques dès la conception et évaluer les impacts potentiels de leurs innovations
- **Les entreprises** doivent déployer l'IA de manière responsable, en privilégiant la valeur à long terme plutôt que les gains immédiats
- **Les gouvernements** doivent établir des cadres réglementaires équilibrés qui protègent sans entraver l'innovation bénéfique
- **Les citoyens** doivent s'informer, participer aux débats publics, et faire des choix éclairés en tant qu'utilisateurs

Vers une IA au service de l'humanité

L'objectif ultime n'est pas simplement de développer une IA plus puissante, mais une IA qui amplifie ce qu'il y a de meilleur dans l'humanité : notre créativité, notre empathie, notre aspiration à un monde plus juste et durable.

Pour y parvenir, nous devons rester vigilants face aux défis tout en embrassant les opportunités, dans un dialogue constant entre progrès technique et valeurs humaines fondamentales.

RÉFLEXION FINALE ✽

L'IA n'est ni une panacée qui résoudra magiquement tous nos problèmes, ni une menace existentielle inévitable. C'est un outil puissant, façonné par nos choix collectifs, qui reflétera ultimement nos propres valeurs et priorités. La question n'est donc pas tant "Que fera l'IA à notre monde ?" mais plutôt "Quel monde voulons-nous construire avec l'aide de l'IA ?"

Dans le prochain chapitre, nous explorerons des compétences pratiques pour interagir efficacement avec les systèmes d'IA, protéger votre vie privée, et évaluer la fiabilité des informations générées par ces technologies.

Questions de réflexion :

1. Parmi les risques et défis liés à l'IA abordés dans ce chapitre, lequel vous préoccupe le plus personnellement, et pourquoi ?
2. Comment pourrait-on mieux équilibrer l'innovation technologique et les considérations éthiques dans le développement de l'IA ?
3. Quelles compétences vous semblent les plus importantes à développer pour rester pertinent dans un monde de plus en plus augmenté par l'IA ?
4. Pensez-vous que les bénéfices potentiels de l'IA l'emportent sur ses risques ? Votre avis varie-t-il selon les domaines d'application ?
5. Comment pourriez-vous, à votre échelle, contribuer à orienter l'IA vers des usages bénéfiques ?

Mini-glossaire du chapitre :

- **Biais algorithmique** : Tendance d'un système d'IA à produire des résultats injustes ou discriminatoires envers certains groupes de personnes, généralement en raison de biais dans les données d'entraînement.
- **IA explicable (XAI)** : Approche visant à créer des systèmes d'IA dont les décisions peuvent être comprises et interprétées par les humains.
- **Gouvernance de l'IA** : Ensemble des mécanismes, principes et pratiques qui encadrent le développement, le déploiement et l'utilisation des technologies d'IA.
- **Fracture numérique** : Inégalités dans l'accès, l'utilisation ou l'impact des technologies numériques entre différents groupes ou régions.

- **Éthique de l'IA** : Branche de l'éthique qui traite des questions morales soulevées par le développement et l'utilisation de l'intelligence artificielle.
- **IA durable** : Approche du développement de l'IA qui prend en compte son impact environnemental et vise à le minimiser.

5 : Comprendre pour mieux utiliser

Après avoir exploré ce que l'intelligence artificielle est aujourd'hui, ses applications actuelles et ses défis immédiats, ce chapitre se concentre sur des aspects pratiques : comment interagir avec ces technologies, protéger votre vie privée, et évaluer la fiabilité des informations qu'elles produisent. Ces compétences sont essentielles pour naviguer dans un monde où l'IA occupe une place grandissante.

Comment interagir efficacement avec les systèmes d'IA

Les systèmes d'IA peuvent être des outils puissants, mais comme tout outil, leur efficacité dépend en grande partie de la façon dont nous les utilisons. Voici quelques principes pour tirer le meilleur parti de ces technologies.

Comprendre le type d'IA que vous utilisez

Les différents systèmes d'IA ont des capacités et des limites distinctes. Comprendre le type de système auquel vous avez affaire vous aidera à formuler des attentes réalistes et à l'utiliser de manière appropriée.

Les assistants vocaux et chatbots

Ces systèmes (comme Siri, Alexa, ou les chatbots sur les sites web) sont conçus pour comprendre le langage naturel et répondre à des requêtes relativement simples. Pour les utiliser efficacement :

- Formulez des questions claires et concises
- Utilisez des mots-clés pertinents
- Divisez les requêtes complexes en questions plus simples
- Soyez patient et prêt à reformuler si nécessaire

Par exemple, plutôt que de demander "Quel temps fera-t-il pour mon voyage à Lyon la semaine prochaine ?", essayez "Quel temps fera-t-il à Lyon vendredi prochain ?"

ASTUCES PRATIQUES Q

Pour obtenir de meilleurs résultats avec les assistants vocaux :

- Commencez par le mot d'activation ("Hey Siri", "Alexa", "OK Google") et faites une courte pause
- Parlez à un rythme normal, sans exagérer votre articulation
- Utilisez des phrases complètes plutôt que des mots isolés
- Si l'assistant ne comprend pas, reformulez plutôt que de répéter exactement la même phrase
- Apprenez les commandes spécifiques que votre assistant gère particulièrement bien (comme "réveille-moi à 7h" ou "ajoute du lait à ma liste de courses")

Les systèmes de recommandation

Ces systèmes (sur les plateformes de streaming, sites d'e-commerce, etc.) apprennent de vos préférences pour vous suggérer des contenus ou produits. Pour les rendre plus utiles :

- Fournissez des retours explicites (notations, likes/dislikes)
- Utilisez les fonctionnalités de filtrage pour affiner les suggestions

- Explorez occasionnellement hors de votre zone de confort pour éviter l'effet bulle

Les outils de génération de contenu

Ces systèmes (comme les générateurs de texte, d'images ou de code) nécessitent souvent une approche itérative :

- Commencez par des consignes (prompts) claires mais pas trop restrictives
- Affinez progressivement en fonction des résultats
- Expérimentez avec différentes formulations
- Combinez plusieurs générations pour obtenir le résultat souhaité

Par exemple, pour générer une image avec un outil comme DALL-E ou Midjourney, commencez par une description générale, puis ajoutez progressivement des détails sur le style, la composition ou l'ambiance.

L'art du prompt : dialoguer avec l'IA

L'interaction avec les systèmes d'IA génératives repose en grande partie sur la qualité de vos "prompts" (consignes ou instructions). Voici quelques principes pour les améliorer :

Être spécifique et contextuel

Plus vous fournissez de contexte pertinent, meilleur sera le résultat. Par exemple :

- Au lieu de : "Écris une lettre de motivation."
- Essayez : "Écris une lettre de motivation pour un poste de responsable marketing dans le secteur des énergies renouvelables, en mettant en avant mon expérience de 5 ans en communication digitale."

Prompt vague	Prompt spécifique
"Donne-moi des conseils pour mieux dormir"	"Suggère 5 conseils pratiques pour améliorer mon sommeil, sachant que je travaille sur écran tard le soir et que j'ai du mal à m'endormir avant minuit"
"Crée un plan d'entraînement"	"Crée un plan d'entraînement de course à pied pour un débutant de 40 ans visant à courir un 10 km dans 3 mois, avec 3 séances hebdomadaires maximum"
"Aide-moi avec mon devoir de maths"	"Explique-moi pas à pas comment résoudre cette équation du second degré : $3x^2 - 5x + 2 = 0$, en détaillant chaque étape et la méthode utilisée"

Guider sans trop contraindre

Donnez des indications sur le format, le ton ou le style souhaité, mais laissez une certaine liberté au système :

- "Rédige un email professionnel mais cordial pour reporter une réunion, en environ 100 mots."

Itérer et affiner

L'interaction avec l'IA est souvent un processus itératif :

1. Commencez par un prompt initial
2. Évaluez le résultat
3. Précisez votre demande en fonction de ce résultat
4. Répétez jusqu'à obtention d'un résultat satisfaisant

EXEMPLE D'ITÉRATION 📝

Prompt initial : "Écris un poème sur la nature."

Réponse : *L'IA génère un poème générique sur les arbres et les fleurs*

Prompt affiné : "Écris un poème en vers libres sur la relation entre la technologie moderne et la nature, avec un ton qui combine émerveillement et inquiétude."

Réponse : *L'IA génère un poème plus ciblé, mais peut-être trop long*

Prompt final : "Raccourcis ce poème à 8 vers maximum, en gardant l'essence du contraste entre technologie et nature, et en terminant sur une note d'espoir."

Réponse : *L'IA génère un poème court et ciblé qui répond à vos attentes*

Ce processus d'affinement progressif produit généralement de bien meilleurs résultats qu'une seule tentative, même soigneusement formulée.

Utiliser le système comme collaborateur

Plutôt que de demander à l'IA de faire tout le travail, utilisez-la comme partenaire de réflexion :

- "Voici mon ébauche de présentation. Peux-tu suggérer trois façons de l'améliorer ?"
- "J'hésite entre ces deux approches pour mon projet. Peux-tu lister les avantages et inconvénients de chacune ?"

Reconnaître les limites et savoir quand ne pas utiliser l'IA

Aussi puissants qu'ils soient, les systèmes d'IA ne sont pas adaptés à toutes les situations. Il est important de reconnaître quand d'autres approches sont préférables.

Situations nécessitant une expertise spécialisée

Pour des questions médicales sérieuses, des conseils juridiques ou financiers importants, ou d'autres domaines où les conséquences d'une erreur sont graves, consultez toujours un professionnel qualifié plutôt que de vous fier uniquement à un système d'IA.

Décisions éthiques ou sensibles

Les systèmes d'IA manquent de jugement moral et de compréhension des nuances culturelles ou émotionnelles. Pour des décisions impliquant des valeurs personnelles ou des considérations éthiques complexes, le jugement humain reste indispensable.

Créativité véritablement originale

Si vous cherchez à développer une voix créative unique ou une approche véritablement novatrice, soyez conscient que l'IA tend à générer du contenu dérivé de ce qu'elle a "vu" dans ses données d'entraînement, plutôt que des idées radicalement nouvelles.

Situations nécessitant une connexion humaine authentique

Pour le soutien émotionnel, les relations personnelles ou professionnelles significatives, ou les moments où l'empathie véritable est nécessaire, rien ne remplace l'interaction humaine.

L'IA peut être un outil extraordinaire, mais elle ne remplace pas le jugement humain, l'expertise professionnelle ou la connexion authentique. Le secret d'une utilisation réussie est de reconnaître quand elle peut véritablement augmenter vos capacités, et quand il vaut mieux se tourner vers d'autres ressources. Considérez l'IA comme un collaborateur ou un assistant, jamais comme un remplaçant pour les aspects profondément humains de votre vie ou votre travail.

Protéger sa vie privée face aux systèmes intelligents

Les systèmes d'IA se nourrissent de données, souvent nos données personnelles. Protéger sa vie privée est devenu une compétence essentielle à l'ère de l'IA.

Comprendre ce qui est collecté et pourquoi

La première étape pour protéger votre vie privée est de comprendre quelles données sont collectées par les systèmes que vous utilisez.

Les types de données collectées

Les systèmes d'IA peuvent collecter diverses catégories de données :

- Données explicites (ce que vous saisissez directement)
- Données d'interaction (comment vous utilisez le service)
- Données de localisation (où vous êtes)
- Données biométriques (reconnaissance faciale, vocale, etc.)
- Données d'appareil (type de téléphone, navigateur, etc.)

- Métadonnées (horaires d'utilisation, fréquence, etc.)

Les finalités de la collecte

Ces données peuvent être utilisées pour :

- Améliorer le fonctionnement du service
- Personnaliser votre expérience
- Créer des profils publicitaires
- Entraîner de nouveaux modèles d'IA
- Être vendues à des tiers

Prenez l'habitude de lire les politiques de confidentialité, au moins les sections "Données collectées" et "Utilisation des données". Des outils comme PrivacySpy ou ToS;DR peuvent vous aider en résumant ces documents souvent longs et complexes.

POINT PRATIQUE 💼

Lorsque vous installez une nouvelle application ou créez un compte sur un service, prenez 2 minutes pour vous poser ces questions :

- Quelles données cette application me demande-t-elle d'accéder ? (localisation, contacts, photos, micro...)
- Ces accès sont-ils réellement nécessaires pour le service que je souhaite utiliser ?
- Comment puis-je limiter cette collecte aux données strictement nécessaires ?
- Existe-t-il des alternatives qui respectent davantage la vie privée ?

Ces quelques minutes de réflexion peuvent faire une grande différence pour votre vie privée à long terme.

Stratégies pratiques pour protéger vos données

Voici quelques approches concrètes pour réduire l'exposition de vos données personnelles.

Paramétrer vos appareils et applications

- Vérifiez et ajustez régulièrement les paramètres de confidentialité sur vos appareils et dans vos applications
- Désactivez la collecte de données non essentielle (comme la localisation précise quand elle n'est pas nécessaire)
- Limitez les autorisations accordées aux applications (accès au microphone, à la caméra, aux contacts, etc.)
- Activez les options "Ne pas suivre" dans vos navigateurs

Choisir des alternatives respectueuses de la vie privée

- Utilisez des moteurs de recherche qui ne tracent pas votre activité (comme DuckDuckGo ou Startpage)
- Préférez des messageries chiffrées (comme Signal ou ProtonMail)
- Considérez des alternatives open source aux services propriétaires quand c'est possible

Gérer votre empreinte numérique

- Utilisez des mots de passe uniques et robustes (idéalement avec un gestionnaire de mots de passe)
- Activez l'authentification à deux facteurs
- Supprimez régulièrement les cookies et l'historique de navigation
- Utilisez un VPN pour masquer votre adresse IP et chiffrer votre trafic internet
- Soyez conscient de ce que vous partagez sur les réseaux sociaux

Action	Bénéfice pour votre vie privée
Utiliser un gestionnaire de mots de passe	Permet d'avoir des mots de passe uniques et complexes pour chaque service, réduisant le risque de compromission multiple en cas de fuite de données
Activer l'authentification à deux facteurs	Protège vos comptes même si votre mot de passe est compromis
Utiliser un VPN	Masque votre adresse IP et chiffre votre trafic, rendant plus difficile le suivi de votre activité en ligne
Vérifier régulièrement les autorisations des applications	Limite la collecte de données aux seules informations nécessaires au fonctionnement des services que vous utilisez
Opter pour des services respectueux de la vie privée	Réduit la quantité de données personnelles exploitées à des fins commerciales

L'équilibre entre personnalisation et protection

Il existe souvent un compromis entre la personnalisation des services et la protection de votre vie privée. Certains services sont plus utiles quand ils peuvent apprendre de vos préférences et habitudes.

Questions à se poser avant de partager des données

- La valeur que j'obtiens justifie-t-elle le partage de ces données ?
- Ces données sont-elles particulièrement sensibles ou identifiantes ?
- Ai-je confiance dans l'organisation qui les collecte ?

- Combien de temps ces données seront-elles conservées ?
- Comment pourraient-elles être utilisées à l'avenir ?

Approche progressive du partage

Plutôt que d'accepter par défaut tous les suivis, adoptez une approche progressive :

1. Commencez avec les paramètres les plus restrictifs
2. Autorisez progressivement certains partages de données si nécessaire
3. Réévaluez périodiquement ce que vous partagez

ANECDOTE ÉCLAIRANTE ⌕

Marie, bibliothécaire de 42 ans, utilise une application de recommandation musicale. Au début, elle était frustrée par des suggestions qui ne correspondaient pas à ses goûts. Après avoir consulté les paramètres de confidentialité, elle a découvert qu'elle pouvait choisir précisément quelles données partager : historique d'écoute (oui), localisation (non), contacts (non). Elle a également découvert une option pour télécharger et consulter ses données. Cette transparence l'a mise en confiance et lui a permis de faire un choix éclairé : partager uniquement les données pertinentes pour le service qu'elle souhaitait, tout en limitant son exposition par ailleurs. Résultat : des recommandations nettement améliorées sans compromission excessive de sa vie privée.

Les outils et droits légaux à votre disposition

De nombreux outils et cadres légaux peuvent vous aider à protéger votre vie privée.

Outils techniques

- Bloqueurs de publicité et de traceurs (comme uBlock Origin, Privacy Badger)
- Extensions pour navigateurs qui masquent votre empreinte digitale
- Services de suppression automatique des données personnelles en ligne

Droits légaux

Dans de nombreuses juridictions, vous disposez de droits relatifs à vos données :

- Droit d'accès à vos données
- Droit de rectification (correction des erreurs)
- Droit à l'effacement ("droit à l'oubli")
- Droit d'opposition au traitement
- Droit à la portabilité des données

Le RGPD en Europe et diverses législations ailleurs dans le monde garantissent ces droits. N'hésitez pas à les exercer en contactant directement les services concernés ou, si nécessaire, les autorités de protection des données.

Évaluer la fiabilité des informations générées par l'IA

À mesure que l'IA génère davantage de contenu (textes, images, vidéos), il devient essentiel de pouvoir évaluer la fiabilité de ces informations.

Comprendre les limites des modèles génératifs

Les systèmes d'IA générative présentent plusieurs limites importantes qui affectent leur fiabilité.

Les "hallucinations" de l'IA

Les modèles de langage ont tendance à parfois "halluciner" - inventer des informations qui semblent plausibles mais sont en réalité fausses. Cela peut inclure :

- Des citations inventées
- Des références à des études ou statistiques inexistantes
- Des événements fictifs présentés comme réels
- Des explications qui semblent logiques mais sont incorrectes

Ces hallucinations se produisent parce que ces modèles sont fondamentalement des prédicteurs de texte - ils génèrent ce qui leur semble probable dans un contexte donné, pas nécessairement ce qui est vrai.

EXEMPLE CONCRET 📖

Un chercheur a demandé à un modèle de langage avancé de citer des articles académiques sur un sujet spécifique. Le système a généré avec assurance des références complètes, avec titres, auteurs, revues et dates de publication - toutes parfaitement formatées et plausibles. Le problème ? Ces articles n'existaient pas. Le modèle avait "halluciné" des références qui semblaient crédibles selon les patterns qu'il avait appris, mais n'avait aucun moyen de vérifier leur existence réelle. Cet exemple illustre pourquoi il est crucial de toujours vérifier les informations factuelles fournies par l'IA, même quand elles sont présentées avec conviction et détail.

La "boîte noire" des grands modèles

Il est souvent difficile, même pour les développeurs, de comprendre exactement comment un grand modèle d'IA arrive à une conclusion particulière. Cette opacité rend l'évaluation de fiabilité encore plus importante.

Les limites temporelles des connaissances

Les modèles d'IA sont entraînés sur des données jusqu'à une certaine date "limite" et n'ont pas accès aux informations plus récentes. Par exemple, un modèle entraîné sur des données jusqu'en 2022 ne connaîtra pas les événements de 2023.

Stratégies pour évaluer la fiabilité

Face à ces limitations, voici quelques stratégies pour évaluer la fiabilité des informations générées par l'IA.

Vérifier auprès de sources multiples

Ne vous fiez jamais uniquement à l'information fournie par un système d'IA. Vérifiez les faits importants auprès de sources fiables et indépendantes.

Rechercher les incohérences internes

Les hallucinations de l'IA présentent souvent des incohérences internes. En lisant attentivement et en recherchant des contradictions dans un même texte, vous pouvez repérer des indices de manque de fiabilité.

Vérifier la précision des attributions

Si l'IA cite des sources, des études ou des personnes, vérifiez ces références. Les citations inexactes ou inventées sont un signe révélateur d'information non fiable.

Utiliser la triangulation des sources

Lorsque vous recherchez des informations importantes :

1. Consultez plusieurs systèmes d'IA différents
2. Comparez avec des sources traditionnelles fiables
3. Recherchez un consensus entre ces différentes sources

Évaluer la plausibilité et la spécificité

Les réponses vagues ou excessivement générales méritent plus de scepticisme. Les informations très spécifiques et vérifiables (dates précises, statistiques exactes, citations directes) sont plus facilement vérifiables - mais nécessitent justement cette vérification.

Type d'information	Niveau de confiance initial	Actions recommandées
Explications générales de concepts établis	Confiance modérée à élevée	Vérification légère, surtout pour les nuances importantes
Faits historiques bien documentés	Confiance modérée	Vérification auprès d'une source fiable pour les détails précis
Statistiques et chiffres spécifiques	Confiance faible	Vérification obligatoire auprès de sources primaires

Type d'information	Niveau de confiance initial	Actions recommandées
Citations et attributions	Confiance très faible	Vérification systématique de l'existence et de l'exactitude
Informations sur des événements récents	Confiance minimale	Vérification approfondie, particulièrement si postérieurs à la date limite d'entraînement
Conseils médicaux ou juridiques	Aucune confiance sans validation	Consultation obligatoire d'un professionnel qualifié

Développer un esprit critique adapté à l'ère de l'IA

L'esprit critique, toujours important face à l'information, devient crucial à l'ère de l'IA générative.

Questionner la confiance excessive

Les systèmes d'IA présentent souvent les informations avec un haut degré de confiance apparente, même lorsqu'elles sont incorrectes. Cette "fausse certitude" peut être trompeuse. Apprenez à maintenir un scepticisme sain, même face à des réponses qui semblent assurées.

Reconnaître les biais dans les réponses

Les systèmes d'IA peuvent refléter et parfois amplifier les biais présents dans leurs données d'entraînement. Soyez particulièrement vigilant concernant les sujets controversés, politiques, ou culturellement sensibles.

Développer une "alphabétisation IA"

Cultivez votre compréhension de comment fonctionnent ces systèmes pour mieux interpréter leurs outputs :

- Familiarisez-vous avec les forces et faiblesses typiques des différents types d'IA
- Apprenez à reconnaître les patterns de réponse caractéristiques
- Suivez l'actualité concernant les avancées et les problèmes identifiés dans ce domaine

DÉVELOPPER SON JUGEMENT □

L'alphabétisation IA est une nouvelle forme d'esprit critique adaptée à l'ère numérique. Elle ne consiste pas à devenir expert en programmation, mais à comprendre suffisamment ces technologies pour interagir avec elles de façon éclairée. Tout comme nous avons appris à évaluer la crédibilité d'un site web ou d'un article de presse, nous devons désormais développer des réflexes similaires face aux contenus générés par IA : d'où viennent les données qui ont nourri ce système ? Quelles sont ses limites connues ? Quels biais pourrait-il reproduire ? Cette capacité d'évaluation critique devient une compétence essentielle à l'ère numérique.

L'importance du contexte et de l'expertise humaine

Finalement, n'oubliez jamais que l'IA manque d'une véritable compréhension du monde et du contexte plus large dans lequel s'inscrivent les informations.

L'expertise humaine reste irremplaçable

Pour les sujets complexes ou spécialisés, l'avis d'experts humains reste incontournable. L'IA peut être un point de départ utile, mais

ne remplace pas l'expertise développée à travers des années
d'étude et d'expérience dans un domaine.

Le jugement contextuel

L'IA a du mal à comprendre le contexte plus large - historique,
culturel, éthique - dans lequel s'inscrit une information. Ce
jugement contextuel, essentiel pour une compréhension
approfondie, reste une capacité humaine.

L'importance de la pensée critique collaborative

Face à l'information générée par IA, la discussion et l'évaluation
collaborative entre humains prennent une importance renouvelée.
N'hésitez pas à discuter des informations importantes avec
d'autres personnes pour obtenir différentes perspectives.

Utiliser l'IA comme outil d'apprentissage et de développement

Au-delà de ses applications pratiques, l'IA peut être un
formidable outil pour apprendre et développer de nouvelles
compétences.

L'IA comme tuteur personnel

Les systèmes d'IA peuvent offrir un accompagnement
personnalisé dans l'apprentissage de nouvelles compétences.

Apprentissage interactif et adaptatif

- Posez des questions à votre rythme, sans crainte de
  jugement
- Recevez des explications adaptées à votre niveau de
  compréhension

- Demandez des clarifications ou des exemples supplémentaires si nécessaire
- Explorez différentes approches d'un même sujet

Pratique guidée et feedback

- Soumettez vos exercices pour obtenir un retour détaillé
- Identifiez précisément vos forces et points d'amélioration
- Recevez des suggestions d'exercices adaptés à vos besoins spécifiques
- Suivez votre progression sur le long terme

TÉMOIGNAGE D'APPRENANT 📖

Thomas, 35 ans, a toujours voulu apprendre la programmation mais se décourageait rapidement avec les tutoriels traditionnels. "Avec un assistant IA, je peux poser toutes mes questions, même celles que je trouve trop basiques ou embarrassantes. Je peux demander plusieurs explications différentes du même concept jusqu'à ce que je comprenne vraiment. Et surtout, quand je fais une erreur dans mon code, l'IA m'aide à comprendre pourquoi ça ne fonctionne pas et comment le corriger, sans me donner simplement la solution. C'est comme avoir un mentor patient disponible 24h/24."

Étendre ses horizons intellectuels

L'IA peut également vous aider à explorer de nouveaux domaines et à développer votre pensée.

Exploration de nouveaux sujets

- Obtenez des introductions accessibles à des domaines complexes
- Découvrez les concepts fondamentaux et leur articulation
- Identifiez les ressources pertinentes pour approfondir

- Établissez des connexions entre différents domaines de connaissance

Développement de la pensée critique

- Analysez un sujet sous différents angles
- Confrontez des perspectives contradictoires
- Identifiez les présupposés et biais potentiels dans un argument
- Pratiquez le raisonnement structuré sur des questions complexes

Équilibre entre assistance IA et développement personnel

Pour tirer le meilleur parti de l'IA comme outil d'apprentissage, il est important de trouver le bon équilibre.

Éviter la dépendance excessive

- Utilisez l'IA comme un échafaudage, pas comme une béquille permanente
- Mettez régulièrement vos connaissances à l'épreuve sans assistance
- Fixez-vous des objectifs d'autonomie progressive
- Prenez conscience des compétences que vous souhaitez vraiment internaliser

Combiner ressources IA et humaines

- Complétez l'apprentissage assisté par IA avec des interactions humaines
- Rejoignez des communautés d'apprenants dans votre domaine d'intérêt
- Recherchez le mentorat humain pour les aspects nuancés et contextuels

- Partagez et discutez ce que vous avez appris avec d'autres

L'IA est un outil puissant pour l'apprentissage, mais son plus grand potentiel se réalise lorsqu'elle est intégrée dans une approche qui valorise également la réflexion personnelle et l'interaction humaine.

Former vos proches aux usages responsables de l'IA

Adapter l'approche selon les générations (suite)

Pour les seniors moins familiers avec la technologie

- Commencez par des applications simples et utiles dans leur quotidien
- Expliquez en termes concrets, sans jargon technique
- Rassurez sur le droit à l'erreur et la possibilité d'apprendre à tout âge
- Mettez l'accent sur la valeur ajoutée pour leur qualité de vie

Pour les enfants et adolescents

- Développez leur esprit critique face aux contenus générés
- Expliquez l'importance de la vérification des sources
- Discutez des implications éthiques et des questions de vie privée
- Établissez des règles claires sur l'utilisation appropriée

CONSEIL AUX PARENTS 👤👤👤👤

Pour les enfants, une bonne approche est le "co-pilotage" : utilisez l'IA ensemble plutôt que séparément. Par exemple, si votre enfant utilise un assistant IA pour ses devoirs, faites-en une activité partagée où vous pouvez discuter des réponses fournies, identifier ce qui est utile et ce qui pourrait être inexact, et réfléchir ensemble à de meilleures façons de formuler les questions. Cette approche transforme l'utilisation de l'IA en une opportunité d'apprentissage critique plutôt qu'en une simple externalisation du travail intellectuel.

Pour les collègues et amis

- Partagez des cas d'usage pratiques adaptés à leurs besoins spécifiques
- Échangez sur les meilleures pratiques et les pièges à éviter
- Discutez ouvertement des préoccupations légitimes (vie privée, sécurité, etc.)
- Créez un environnement d'apprentissage collectif sans jugement

Aborder les préoccupations et questions communes

Certaines inquiétudes reviennent fréquemment et méritent d'être abordées avec empathie et honnêteté.

Peur du remplacement ou de l'obsolescence

De nombreuses personnes s'inquiètent que l'IA rende leurs compétences obsolètes ou menace leur emploi.

Approche constructive :

- Reconnaître la légitimité de cette préoccupation
- Discuter de la complémentarité homme-machine plutôt que du remplacement
- Explorer comment l'IA peut augmenter leurs capacités existantes
- Identifier les compétences uniquement humaines qui prennent de la valeur

Inquiétudes concernant la vie privée

La collecte de données nécessaire à l'IA suscite des préoccupations légitimes.

Approche constructive :

- Expliquer simplement quelles données sont collectées et pourquoi
- Montrer comment paramétrer les options de confidentialité
- Présenter des alternatives respectueuses de la vie privée
- Respecter les choix personnels, même s'ils impliquent de limiter l'usage

Méfiance face à la fiabilité

Beaucoup doutent de la fiabilité des informations générées par l'IA.

Approche constructive :

- Reconnaître les limites actuelles (hallucinations, biais, etc.)
- Démontrer des techniques simples de vérification
- Présenter l'IA comme un point de départ, non une source définitive
- Encourager l'esprit critique face à toute information, quelle que soit sa source

Créer des expériences positives d'apprentissage

L'adoption responsable de l'IA passe par des expériences concrètes et positives.

Commencer petit et pertinent

- Identifiez un problème quotidien spécifique que l'IA peut aider à résoudre
- Choisissez des applications avec une courbe d'apprentissage douce
- Célébrez les petites victoires et améliorations tangibles
- Construisez progressivement vers des usages plus complexes

Rendre l'apprentissage social et collaboratif

- Organisez des sessions d'exploration en groupe
- Partagez des découvertes et astuces utiles
- Résolvez ensemble les difficultés rencontrées
- Créez un environnement bienveillant où l'erreur est permise

IDÉE D'ACTIVITÉ 💡

Organisez un "atelier IA" informel avec famille ou amis. Choisissez un thème amusant et non controversé, comme "Planifier un voyage imaginaire" ou "Créer une recette originale", et explorez ensemble comment différents outils d'IA peuvent aider dans ce projet. Chacun peut essayer de formuler des prompts, comparer les résultats obtenus, et discuter des forces et faiblesses observées. Cette approche ludique et collaborative réduit l'anxiété face à la technologie tout en développant des compétences pratiques.

Encourager l'autonomie progressive

- Fournissez des ressources adaptées pour l'auto-apprentissage
- Restez disponible pour répondre aux questions

- Encouragez l'exploration personnelle au-delà des usages montrés
- Valorisez les nouvelles découvertes et applications trouvées

L'objectif n'est pas de faire de chacun un expert en IA, mais de développer une aisance suffisante et un regard critique pour naviguer sereinement dans un monde où ces technologies sont de plus en plus présentes.

Conclusion : Des compétences essentielles pour l'ère de l'IA

Dans ce monde où l'IA occupe une place grandissante, savoir interagir efficacement avec ces systèmes, protéger votre vie privée et évaluer la fiabilité des informations sont des compétences essentielles. Elles vous permettront de tirer parti des avantages de ces technologies tout en minimisant leurs risques potentiels.

Les clés d'une relation équilibrée avec l'IA

À travers ce chapitre, nous avons exploré plusieurs compétences fondamentales :

- **Interagir efficacement** en comprenant les capacités et limites des différents systèmes
- **Formuler des prompts précis** pour obtenir les meilleurs résultats possibles
- **Protéger votre vie privée** par des choix éclairés et des pratiques concrètes
- **Évaluer la fiabilité** des informations générées avec un esprit critique adapté
- **Utiliser l'IA comme outil d'apprentissage** tout en préservant votre autonomie

- **Accompagner vos proches** vers des usages responsables et bénéfiques

Une nouvelle forme d'alphabétisation

Plus qu'une simple familiarité technique, ces compétences représentent une nouvelle forme d'alphabétisation - une "alphabétisation IA" - qui devient progressivement aussi fondamentale que savoir lire, écrire ou naviguer sur internet.

Cette alphabétisation comprend :

- Des connaissances de base sur le fonctionnement de ces technologies
- Des compétences pratiques pour les utiliser efficacement
- Un cadre éthique pour guider nos choix d'adoption et d'utilisation
- Un esprit critique adapté à l'ère des contenus générés par IA

Rester acteur de notre relation à la technologie

Le message central de ce chapitre est que nous pouvons et devons rester acteurs de notre relation avec l'IA. Ces technologies, aussi puissantes soient-elles, restent des outils que nous choisissons d'utiliser d'une certaine manière, dans certains contextes, et pour certaines finalités.

En développant les compétences appropriées, en faisant des choix conscients, et en adoptant une attitude à la fois ouverte et critique, nous pouvons naviguer dans ce monde augmenté par l'IA avec confiance et autonomie.

RÉFLEXION FINALE ✺

La relation la plus fructueuse avec l'IA n'est ni une adoption aveugle de chaque nouvelle technologie, ni un rejet catégorique par peur de l'inconnu. C'est plutôt une approche nuancée où nous embrassons les possibilités qu'offrent ces outils tout en maintenant un regard critique et en préservant notre autonomie. C'est dans cet équilibre que se trouve le potentiel de l'IA comme véritable augmentation de nos capacités humaines, plutôt que comme substitut ou menace.

Dans le prochain chapitre, nous porterons notre regard vers l'avenir pour explorer les tendances émergentes de l'IA et comment celle-ci pourrait évoluer dans les années à venir.

Questions de réflexion :

1. Quelles stratégies présentées dans ce chapitre pourriez-vous commencer à appliquer immédiatement pour améliorer vos interactions avec les systèmes d'IA que vous utilisez déjà ?
2. Parmi les mesures de protection de la vie privée évoquées, lesquelles vous semblent les plus importantes à mettre en œuvre personnellement ?
3. Avez-vous déjà rencontré des situations où vous n'étiez pas certain de la fiabilité d'une information générée par IA ? Comment avez-vous géré cette incertitude ?
4. Dans quels domaines de votre vie personnelle ou professionnelle l'IA pourrait-elle vous servir d'outil d'apprentissage ou de développement ?
5. Comment pourriez-vous contribuer à l'alphabétisation IA de votre entourage, qu'il s'agisse de collègues, amis ou famille ?

Mini-glossaire du chapitre :

- **Prompt** : Instruction ou question donnée à un système d'IA pour orienter sa génération de contenu ou obtenir une réponse spécifique.
- **Hallucination (en IA)** : Phénomène où un système d'IA génère des informations fausses ou inventées tout en les présentant comme factuelles.
- **Alphabétisation IA** : Ensemble de connaissances, compétences et attitudes permettant d'utiliser efficacement et de manière critique les technologies d'intelligence artificielle.
- **Triangulation des sources** : Méthode de vérification consistant à consulter plusieurs sources indépendantes pour confirmer une information.
- **Paramètres de confidentialité** : Options configurables dans les applications et services qui permettent aux utilisateurs de contrôler quelles informations personnelles sont collectées, stockées et partagées.
- **VPN (Réseau Privé Virtuel)** : Outil qui crée une connexion sécurisée et chiffrée sur internet, protégeant votre vie privée en masquant votre adresse IP et en chiffrant votre trafic en ligne.

Chapitre 6 : Regard vers le futur

Après avoir exploré ce que l'intelligence artificielle est aujourd'hui, ses applications actuelles et ses défis immédiats, portons maintenant notre regard vers l'avenir. Comment cette technologie va-t-elle évoluer dans les prochaines années et décennies ? Quels rôles pourrait-elle jouer face aux grands problèmes de notre époque ? Et comment assurer qu'elle se développe de manière responsable et bénéfique pour tous ?

Ce chapitre n'a pas pour ambition de prédire l'avenir avec certitude -- l'histoire des technologies est pleine de prévisions erronées -- mais plutôt d'identifier les tendances significatives et les enjeux qui façonneront probablement le futur de l'IA.

Les tendances émergentes

Plusieurs évolutions technologiques et approches nouvelles sont en train de transformer le paysage de l'IA. Ces tendances dessinent les contours de ce que pourrait être l'intelligence artificielle de demain.

Des modèles plus efficaces et accessibles

Les grands modèles d'IA actuels nécessitent d'énormes ressources pour être entraînés et déployés. Une tendance majeure consiste à les rendre plus efficaces et accessibles.

La miniaturisation des modèles

Des chercheurs travaillent à créer des versions plus légères des modèles performants, qui peuvent fonctionner sur des appareils ordinaires, voire des smartphones. Ces "modèles compacts" ou "petits modèles de langage" (SLM) consomment moins d'énergie et peuvent fonctionner sans connexion constante à internet.

Cette évolution permettrait de :

- Réduire l'empreinte carbone de l'IA
- Améliorer la confidentialité (les données restant sur votre appareil)
- Démocratiser l'accès à ces technologies dans des régions avec une connectivité limitée

INNOVATION PROMETTEUSE 💡

Des équipes de recherche ont récemment développé des versions de modèles de langage qui tiennent sur une simple clé USB et peuvent fonctionner sur un ordinateur portable standard sans connexion internet. Ces modèles "de poche", bien que moins puissants que leurs homologues géants hébergés dans le cloud, peuvent effectuer une traduction de base, résumer des textes ou répondre à des questions simples tout en préservant la confidentialité des données, puisque rien ne quitte l'appareil de l'utilisateur. Cette approche pourrait transformer l'accès à l'IA dans des zones rurales ou des pays en développement où la connectivité reste limitée.

L'IA "en périphérie" (edge AI)

Plutôt que de centraliser toute l'intelligence dans des centres de données distants, l'IA "en périphérie" déplace le traitement directement sur les appareils que nous utilisons : téléphones, voitures, appareils domestiques, capteurs industriels.

Cette approche réduit la latence (temps de réponse), améliore la fiabilité, et renforce la confidentialité. Elle est particulièrement importante pour des applications comme les véhicules autonomes, où chaque milliseconde compte.

L'IA multimodale et l'intégration sensorielle

Les systèmes d'IA deviennent de plus en plus capables d'intégrer différents types d'informations -- texte, image, son, vidéo -- pour une compréhension plus riche et nuancée.

Des modèles qui voient, entendent et parlent

Les modèles multimodaux peuvent analyser simultanément du texte, des images, des vidéos et des sons. Par exemple, ils peuvent :

- Générer une description textuelle détaillée d'une image
- Créer une image à partir d'une description textuelle
- Répondre à des questions sur le contenu d'une vidéo
- Traduire simultanément la parole d'une langue à une autre

Cette intégration permet des interactions plus naturelles et intuitives avec la technologie, se rapprochant davantage de la façon dont nous, humains, percevons et comprenons le monde.

L'intégration avec le monde physique

L'IA commence à mieux interagir avec le monde physique grâce à la robotique et à l'Internet des objets. Des systèmes expérimentaux peuvent :

- Apprendre à manipuler des objets en observant des humains
- Naviguer dans des environnements inconnus

- Interagir avec le monde physique de manière plus flexible et adaptative

Ces avancées pourraient transformer des domaines comme l'assistance aux personnes âgées, la production industrielle, ou l'exploration scientifique.

EXEMPLE CONCRET □

Le MIT a développé un système robotique qui peut apprendre à manipuler des objets qu'il n'a jamais vus auparavant. En combinant vision par ordinateur et algorithmes d'apprentissage, le robot peut comprendre la forme et les propriétés physiques d'un nouvel objet, puis déterminer comment le saisir efficacement. Contrairement aux robots industriels traditionnels qui doivent être précisément programmés pour chaque tâche spécifique, ces nouveaux systèmes peuvent s'adapter à la diversité et à l'imprévisibilité du monde réel - une capacité essentielle pour des robots qui assisteraient des personnes à domicile ou travailleraient dans des environnements dynamiques comme des hôpitaux ou des restaurants.

Vers une IA plus autonome et raisonnée

Les systèmes d'IA gagnent progressivement en autonomie et en capacité de raisonnement.

Les agents autonomes

Des systèmes plus avancés peuvent désormais accomplir des séquences complexes d'actions pour atteindre un objectif, plutôt que de simplement répondre à des commandes immédiates. Ces "agents" peuvent :

- Planifier une série d'étapes
- S'adapter aux obstacles imprévus

- Apprendre de leurs expériences
- Collaborer avec d'autres agents ou humains

Par exemple, un agent d'IA pourrait rechercher des informations sur différentes sources, les synthétiser, et produire un rapport personnalisé -- le tout sans intervention humaine constante.

Le raisonnement symbolique et l'IA neuro-symbolique

Une limitation majeure des approches actuelles basées sur le deep learning est leur difficulté à raisonner de manière abstraite. De nouvelles approches "neuro-symboliques" tentent de combiner :

- La puissance d'apprentissage des réseaux de neurones
- Les capacités de raisonnement logique des systèmes symboliques traditionnels

Ces systèmes hybrides pourraient mieux gérer des tâches nécessitant un raisonnement explicite, comme la résolution de problèmes mathématiques, le raisonnement causal, ou la prise de décisions transparentes et justifiables.

L'IA et l'humain : vers une nouvelle symbiose

La frontière entre capacités humaines et artificielles continue d'évoluer, avec de nouvelles formes de collaboration.

Les interfaces cerveau-machine

Des entreprises comme Neuralink développent des interfaces permettant une communication directe entre le cerveau et les ordinateurs. Bien qu'encore expérimentales, ces technologies pourraient un jour :

- Aider des personnes paralysées à contrôler des appareils par la pensée

- Restaurer certaines fonctions sensorielles
- Créer de nouvelles formes d'interaction avec les systèmes numériques

Ces développements soulèvent autant de questions éthiques que de possibilités fascinantes.

L'IA amplificatrice d'intelligence humaine

Plutôt que de remplacer l'intelligence humaine, une tendance prometteuse vise à l'amplifier :

- Outils de pensée qui aident à explorer des idées complexes
- Systèmes de collaboration qui facilitent le travail d'équipe
- Interfaces adaptatives qui s'ajustent aux capacités et préférences individuelles

Cette approche "centrée sur l'humain" cherche à créer une symbiose où l'IA compense nos faiblesses cognitives tout en valorisant nos forces uniques.

Approche	Caractéristiques	Applications potentielles
IA en compétition	Système autonome cherchant à surpasser l'humain sur une tâche spécifique	Jeux (échecs, Go), prédictions statistiques, optimisation de systèmes
IA de substitution	Système remplaçant l'humain pour des tâches répétitives ou dangereuses	Automatisation industrielle, analyse de routine, surveillance continue

Approche	Caractéristiques	Applications potentielles
IA collaborative	Système travaillant conjointement avec l'humain, chacun apportant ses forces	Diagnostic médical, design créatif, recherche scientifique
IA amplificatrice	Système augmentant les capacités cognitives humaines	Outils de pensée, assistants personnalisés, interfaces adaptatives

L'IA et les grands défis mondiaux

Au-delà des progrès techniques, comment l'IA pourrait-elle contribuer à résoudre les défis majeurs auxquels l'humanité est confrontée ?

Climat et environnement : vers une planète plus durable

L'IA peut jouer un rôle significatif dans la lutte contre le changement climatique et la protection de l'environnement.

Optimisation énergétique et réduction des émissions

Les systèmes d'IA peuvent améliorer l'efficacité énergétique à de multiples niveaux :

- Optimisation des réseaux électriques pour intégrer les énergies renouvelables
- Réduction de la consommation des bâtiments (chauffage, climatisation, éclairage)
- Conception de nouveaux matériaux et procédés industriels moins énergivores

- Optimisation des trajets et réduction des embouteillages dans les transports

Des études suggèrent que l'IA pourrait contribuer à réduire les émissions mondiales de gaz à effet de serre de 1,5 à 4% d'ici 2030 grâce à ces applications.

EXEMPLE PROMETTEUR ⚷

Google a réduit la consommation énergétique de ses centres de données de 40% en confiant la gestion de son système de refroidissement à une IA développée par DeepMind. Le système analyse des milliers de capteurs et ajuste en temps réel des centaines de paramètres pour maximiser l'efficacité. Ce qui est remarquable, c'est que l'IA a découvert par elle-même des stratégies d'optimisation que les ingénieurs humains n'avaient pas envisagées. Cette approche pourrait être appliquée à d'autres systèmes industriels énergivores, avec un impact potentiellement massif sur les émissions mondiales.

Surveillance et protection des écosystèmes

L'IA transforme également notre capacité à surveiller et protéger la biodiversité :

- Analyse d'images satellites pour suivre la déforestation ou les récifs coralliens
- Identification automatique d'espèces via photos, sons ou ADN environnemental
- Modélisation des écosystèmes pour prédire les impacts des activités humaines
- Optimisation des efforts de conservation avec des ressources limitées

Des projets comme "Rainforest Connection" utilisent déjà l'IA pour détecter en temps réel les sons de tronçonneuses illégales dans les forêts protégées.

L'empreinte écologique de l'IA elle-même

Un défi important est de réduire l'impact environnemental de l'IA elle-même. L'entraînement des grands modèles consomme d'énormes quantités d'énergie et d'eau (pour refroidir les centres de données).

Des recherches sont en cours pour développer des architectures plus efficaces et des centres de données alimentés par des énergies renouvelables, afin que l'IA soit une solution nette positive pour l'environnement.

Santé et bien-être : vers une médecine personnalisée et accessible

L'IA pourrait transformer fondamentalement les soins de santé, les rendant à la fois plus précis et plus accessibles.

Diagnostic précoce et médecine de précision

Les systèmes d'IA peuvent déjà détecter certaines maladies à des stades précoces :

- Identification de signes subtils de cancer sur des images médicales
- Prédiction de maladies à partir de données génomiques
- Détection précoce de troubles neurologiques via l'analyse de la voix ou des mouvements

Cette détection précoce, combinée à des traitements personnalisés basés sur le profil génétique et l'historique médical du patient, pourrait considérablement améliorer les résultats des traitements.

Découverte de médicaments accélérée

L'IA accélère la découverte de nouveaux médicaments :

- Prédiction de l'efficacité de molécules candidates sans tests extensifs
- Identification de nouvelles cibles thérapeutiques
- Repurposage de médicaments existants pour de nouvelles applications

Des systèmes comme AlphaFold de DeepMind, qui prédit la structure des protéines avec une précision remarquable, pourraient révolutionner notre compréhension des mécanismes biologiques et accélérer le développement de traitements.

AVANCÉE MAJEURE

Le développement traditionnel d'un nouveau médicament prend en moyenne 10 ans et coûte plus d'un milliard de dollars, avec un taux d'échec très élevé. En 2020, la startup Insilico Medicine a utilisé l'IA pour identifier une molécule candidate contre la fibrose pulmonaire en seulement 18 mois, de la conception initiale aux tests précliniques. Le système a exploré des millions de structures moléculaires potentielles et prédit leurs propriétés sans avoir à les synthétiser physiquement. Cette accélération spectaculaire pourrait transformer le développement pharmaceutique, rendant les nouveaux traitements disponibles plus rapidement et à moindre coût.

Accessibilité des soins de santé

L'IA pourrait également démocratiser l'accès aux soins :

- Télémédecine augmentée par l'IA dans les régions mal desservies

- Systèmes de triage intelligents pour optimiser les ressources hospitalières
- Assistants de santé virtuels pour le suivi quotidien des patients chroniques

Ces applications pourraient être particulièrement transformatrices dans les pays à revenus faibles et intermédiaires, où les médecins spécialistes sont rares.

Éducation et connaissances : vers un apprentissage personnalisé tout au long de la vie

Dans un monde en rapide évolution, l'éducation doit s'adapter constamment. L'IA pourrait rendre l'apprentissage plus personnalisé, accessible et continu.

Tutorat personnalisé à grande échelle

Les systèmes d'éducation adaptative peuvent :

- S'ajuster au rythme et au style d'apprentissage de chaque élève
- Identifier les lacunes de compréhension et proposer des ressources ciblées
- Fournir un feedback immédiat et constructif
- Adapter le niveau de difficulté pour maintenir l'engagement

Ces systèmes ne remplacent pas les enseignants, mais les libèrent des tâches répétitives pour qu'ils puissent se concentrer sur l'accompagnement humain, la motivation et les compétences complexes.

Démocratisation du savoir

L'IA peut rendre le savoir plus accessible :

- Traduction automatique de ressources éducatives dans des langues locales
- Adaptation de contenus pour différents styles d'apprentissage ou handicaps
- Création d'assistants d'apprentissage disponibles 24h/24
- Simulation d'expériences coûteuses ou dangereuses

Ces avancées pourraient réduire les inégalités éducatives entre régions riches et pauvres, entre zones urbaines et rurales.

INNOVATION ÉDUCATIVE 📚

Dans certaines régions rurales d'Afrique et d'Asie, des tablettes équipées de systèmes d'IA éducative fonctionnant hors ligne permettent à des enfants sans accès régulier à des enseignants qualifiés d'apprendre à lire, écrire et calculer. Le système adapte les leçons au niveau de chaque enfant, utilise des exemples culturellement pertinents, et fournit un feedback immédiat. Des études préliminaires montrent des progrès significatifs, particulièrement pour les élèves qui partaient avec le plus de retard. Ces technologies ne remplacent pas les enseignants, mais peuvent combler des lacunes critiques là où les ressources éducatives traditionnelles sont insuffisantes.

Apprentissage tout au long de la vie

Dans un monde où les compétences requises évoluent rapidement, l'IA peut faciliter l'apprentissage continu :

- Recommandation personnalisée de formations pertinentes
- Certification des compétences acquises informellement
- Micro-apprentissage intégré dans le flux de travail quotidien

Ces approches pourraient aider les travailleurs à s'adapter aux transformations de leurs métiers plutôt que d'en être victimes.

Vers une IA plus responsable et inclusive

Pour que l'IA tienne ses promesses sans exacerber les problèmes existants, elle doit être développée de manière responsable et accessible à tous.

Les principes d'une IA éthique et responsable

Un consensus émerge autour de certains principes fondamentaux qui devraient guider le développement de l'IA.

Transparence et explicabilité

Les systèmes d'IA, particulièrement ceux qui prennent des décisions importantes, devraient être compréhensibles par les personnes qu'ils affectent. Cela implique :

- Des algorithmes dont les décisions peuvent être expliquées
- Une documentation claire sur les capacités et limites des systèmes
- Une transparence sur les données utilisées pour l'entraînement
- Des mécanismes permettant de contester les décisions algorithmiques

Équité et non-discrimination

Les systèmes d'IA ne devraient pas perpétuer ou amplifier les discriminations existantes. Cela nécessite :

- Des données d'entraînement représentatives et équilibrées
- Des tests systématiques pour détecter les biais potentiels
- Des mesures correctives lorsque des discriminations sont identifiées

- Une diversité dans les équipes qui développent ces systèmes

Respect de la vie privée et contrôle des données

Le développement de l'IA ne devrait pas se faire au détriment de la vie privée. Cela implique :

- La minimisation des données collectées
- Le chiffrement et la sécurisation des informations sensibles
- La possibilité pour les individus de contrôler leurs données
- Des modèles qui peuvent être entraînés sans centraliser de données sensibles

APPROCHE INNOVANTE 🔒

L'apprentissage fédéré est une approche prometteuse qui permet d'entraîner des modèles d'IA sans centraliser les données sensibles. Plutôt que d'envoyer toutes les données vers un serveur central, le modèle est envoyé sur les appareils des utilisateurs, où il apprend localement avant de renvoyer uniquement les améliorations du modèle, sans les données brutes. Cette technique est déjà utilisée par Google pour améliorer la prédiction de texte sur Android tout en préservant la confidentialité des messages des utilisateurs. Elle pourrait être particulièrement précieuse dans des domaines sensibles comme la santé ou la finance.

Robustesse et sécurité

Les systèmes d'IA devraient être fiables et sécurisés, notamment pour les applications critiques. Cela requiert :

- Des tests rigoureux dans diverses conditions
- Des limites claires sur les actions autonomes

- Des mécanismes de surveillance et d'intervention humaine
- Une protection contre les manipulations malveillantes

Gouvernance et régulation adaptées

Au-delà des principes, des mécanismes concrets de gouvernance sont nécessaires pour assurer un développement responsable.

Cadres réglementaires adaptés

Divers pays et régions développent des cadres légaux pour l'IA :

- L'Union Européenne avec son AI Act, qui propose une approche basée sur les risques
- Des initiatives nationales comme la National AI Initiative aux États-Unis
- Des standards internationaux développés par des organisations comme l'ISO

L'enjeu est de trouver un équilibre entre innovation et protection, avec des règles adaptées au niveau de risque de chaque application.

Autorégulation de l'industrie

Parallèlement aux réglementations, l'industrie développe ses propres standards :

- Processus d'évaluation des impacts éthiques avant déploiement
- Lignes directrices pour le développement responsable
- Audits indépendants de systèmes critiques
- Partage de bonnes pratiques entre acteurs du secteur

Participation civique et démocratique

Les décisions sur l'IA ne devraient pas être laissées uniquement aux experts techniques ou aux entreprises :

- Consultations publiques sur les applications majeures
- Jurys citoyens pour évaluer certains usages controversés
- Représentation diverse dans les organes de gouvernance
- Éducation du public pour permettre un débat informé

INITIATIVE CITOYENNE □□

La ville d'Amsterdam a mis en place un registre public des algorithmes utilisés par les services municipaux, offrant aux citoyens une vision claire des systèmes qui affectent leur vie quotidienne. Chaque entrée explique en langage accessible le fonctionnement de l'algorithme, ses objectifs, ses limites, et les mesures prises pour assurer son équité. Les citoyens peuvent poser des questions et soumettre des commentaires, créant un dialogue démocratique autour de ces technologies. Ce type d'initiative pourrait servir de modèle pour une gouvernance plus transparente et participative de l'IA.

Accessibilité et inclusion globale

Pour être véritablement bénéfique, l'IA doit être accessible et utile pour toutes les populations mondiales.

Infrastructures et compétences

Réduire la fracture numérique nécessite :

- Des investissements dans les infrastructures de base (électricité, connectivité)
- Des formations adaptées à différents niveaux d'éducation

- Des interfaces accessibles aux personnes peu alphabétisées
- Des technologies fonctionnant avec peu de ressources

Diversité linguistique et culturelle

Les systèmes d'IA doivent fonctionner au-delà des langues et cultures dominantes :

- Développement de modèles pour les langues à "faibles ressources"
- Adaptation culturelle des interfaces et applications
- Préservation des savoirs traditionnels et indigènes
- Respect des normes et valeurs locales

Collaboration internationale et partage des bénéfices

Le développement de l'IA ne devrait pas créer de nouvelles formes de colonialisme technologique :

- Transferts de technologies et de compétences vers les pays en développement
- Mécanismes de partage équitable des bénéfices économiques
- Reconnaissance des contributions intellectuelles diverses
- Gouvernance mondiale inclusive

Une responsabilité partagée

Façonner l'avenir de l'IA est une responsabilité collective qui implique de multiples acteurs.

Chercheurs et développeurs

Les créateurs de ces technologies ont une responsabilité particulière :

- Anticiper les impacts potentiels de leurs innovations
- Intégrer les considérations éthiques dès la conception
- Diversifier les équipes de recherche et développement
- Communiquer honnêtement sur les capacités et limites

Entreprises et organisations

Les organisations qui déploient l'IA doivent :

- Évaluer rigoureusement les impacts avant déploiement
- Former leurs employés aux utilisations responsables
- Être transparentes sur leurs pratiques
- Écouter et répondre aux préoccupations des utilisateurs

Citoyens et société civile

Chacun de nous a un rôle à jouer :

- S'informer sur ces technologies qui façonnent notre monde
- Participer aux débats publics sur leurs utilisations
- Faire des choix éclairés en tant que consommateurs et utilisateurs
- Exiger des standards élevés de la part des développeurs et déployeurs

RÉFLEXION PROSPECTIVE □

L'IA n'est pas une force inexorable qui nous arrive dessus sans que nous puissions l'influencer. C'est une création humaine, façonnée par nos choix collectifs, nos valeurs et nos priorités. Les directions qu'elle prendra dépendront des décisions que nous prenons aujourd'hui : quelles recherches financer, quelles applications développer, quelles régulations mettre en place, quelles valeurs privilégier. Si nous abordons ces choix avec sagesse, humilité et inclusion, l'IA pourrait devenir l'un des outils les plus puissants jamais créés pour améliorer la condition humaine.

Scénarios futurs : entre promesses et vigilance

Comment pourrait se développer l'IA dans les décennies à venir ? Explorons trois scénarios possibles, non pas comme des prédictions fermes, mais comme des trajectoires qui dépendront de nos choix collectifs.

Scénario optimiste : l'IA au service du bien commun

Dans ce scénario, l'IA devient un outil puissant d'émancipation et de résolution des grands défis mondiaux :

- Les systèmes d'IA collaboratifs amplifient l'intelligence et la créativité humaines
- Les avancées en santé et environnement créent des bénéfices largement partagés
- Des cadres de gouvernance efficaces équilibrent innovation et protection
- L'accès équitable aux technologies d'IA réduit les inégalités plutôt que de les amplifier

Ce scénario nécessite une approche délibérée et inclusive du développement technologique, avec une forte coopération internationale et une valorisation du bien commun au-delà des profits à court terme.

Scénario mitigé : bénéfices inégaux et nouveaux défis

Dans une trajectoire plus nuancée :

- L'IA apporte des avancées significatives, mais inégalement distribuées
- De nouvelles formes d'inégalités émergent entre ceux qui peuvent tirer parti de ces technologies et les autres
- Des problèmes comme la désinformation automatisée ou la surveillance de masse persistent
- L'automatisation crée des perturbations économiques que nos sociétés peinent à gérer

Ce scénario reflète une gouvernance imparfaite et des priorités déséquilibrées, où le développement technologique devance notre capacité collective à en gérer les implications.

Scénario préoccupant : concentrations de pouvoir et déstabilisation

Dans un développement moins favorable :

- Les technologies d'IA se concentrent entre quelques acteurs puissants
- La course aux systèmes toujours plus avancés sacrifie la sécurité et l'éthique
- Les perturbations économiques et sociales créent des instabilités profondes
- La surveillance omniprésente et la manipulation algorithmique menacent les fondements démocratiques

Ce scénario pourrait résulter d'une gouvernance défaillante, d'une compétition géopolitique intense, ou d'une priorisation systématique du profit et de la puissance sur le bien-être humain.

L'avenir que nous voulons construire

Ces scénarios ne sont pas prédéterminés, mais dépendent des choix que nous faisons collectivement. L'avenir de l'IA n'est pas écrit d'avance - il est entre nos mains.

Les questions fondamentales que nous devons nous poser ne sont pas seulement techniques, mais profondément humaines :

- Quelles valeurs voulons-nous que ces technologies incarnent et amplifient ?
- Comment pouvons-nous nous assurer que leurs bénéfices soient largement partagés ?
- Quels mécanismes de gouvernance seraient à la fois efficaces et légitimes ?
- Comment préserver ce qui est essentiellement humain dans un monde de plus en plus augmenté par l'IA ?

En abordant ces questions avec sagesse, humilité et une perspective inclusive, nous pouvons orienter le développement de l'IA vers un avenir qui reflète nos aspirations les plus nobles plutôt que nos craintes les plus profondes.

Conclusion : Vivre avec l'IA en toute confiance

L'IA n'est ni une panacée qui résoudra magiquement tous nos problèmes, ni une menace existentielle qui nous priverait inévitablement de notre humanité. C'est un outil puissant, façonné par nos choix collectifs, qui peut amplifier tant nos capacités que nos faiblesses.

Le défi de notre époque est de canaliser ces technologies vers des fins bénéfiques, d'en répartir équitablement les avantages, et de préserver ce qui est fondamentalement précieux dans l'expérience humaine.

Afficher l'image

Ce regard vers le futur nous rappelle que l'intelligence artificielle, malgré son nom, reste une création profondément humaine, reflétant nos valeurs, nos priorités et nos choix. C'est à nous, collectivement, de décider quel type d'avenir nous voulons construire avec ces outils extraordinaires.

Dans un monde en rapide évolution, comprendre l'IA - ses principes, ses applications, ses promesses et ses défis - devient une compétence essentielle pour tous les citoyens. Cette compréhension nous permet non seulement de mieux utiliser ces technologies, mais aussi de participer aux débats cruciaux sur leur développement et leur déploiement.

Au cours de ce livre, nous avons voyagé ensemble des fondamentaux de l'IA à ses applications présentes et futures. Nous avons exploré comment elle transforme déjà notre quotidien, quels défis elle soulève, et comment nous pouvons l'utiliser de manière efficace et responsable.

Ce voyage nous a montré que l'IA, loin d'être une technologie mystérieuse réservée aux experts, est désormais partie intégrante de notre monde. Elle est à la fois plus impressionnante et plus limitée que les représentations populaires ne le suggèrent - capable de performances remarquables dans certains domaines, mais dépourvue de la compréhension profonde et de la conscience que nous associons à l'intelligence humaine.

Les clés pour rester acteur dans un monde augmenté par l'IA

Face à ces technologies en constante évolution, comment maintenir notre autonomie et notre capacité d'action ?

Cultiver une compréhension nuancée

La première clé est de dépasser les visions simplistes - qu'elles soient exagérément optimistes ou pessimistes - pour développer une compréhension équilibrée de ces technologies. Ni magie, ni menace existentielle, l'IA est un outil puissant avec ses forces et ses limites spécifiques.

Cette compréhension nous permet d'identifier où l'IA peut véritablement nous être utile, et où nous devons maintenir une vigilance particulière. Elle nous aide à formuler des attentes réalistes et à interagir de manière plus efficace avec ces systèmes.

Adopter une posture active plutôt que passive

L'IA n'est pas une force mystérieuse qui nous arrive dessus sans que nous puissions l'influencer. Elle est créée par des humains, pour des humains, et nous avons collectivement et individuellement la capacité de façonner sa place dans nos vies.

Cette posture active implique de :

- Évaluer consciemment la valeur ajoutée d'un service ou produit IA avant de l'adopter
- Paramétrer les systèmes que vous utilisez selon vos préférences et besoins réels
- Prendre régulièrement des pauses déconnectées pour maintenir votre autonomie
- Exercer votre esprit critique face aux recommandations et suggestions algorithmiques

En restant vigilant et sélectif, vous conservez le contrôle sur la technologie plutôt que l'inverse.

Cultiver les capacités uniquement humaines

L'IA excelle dans certains domaines, mais reste limitée dans d'autres. En cultivant consciemment les capacités qui nous distinguent, nous maintenons notre pertinence et notre autonomie :

- La créativité authentique et l'expression artistique personnelle
- L'intelligence émotionnelle et l'empathie profonde
- Le jugement éthique et la sagesse contextuelle
- La pensée critique et le raisonnement nuancé
- La collaboration et la connexion humaine authentique

Ces capacités resteront précieuses, peut-être même davantage, dans un monde riche en IA.

Participer au dialogue social sur l'IA

Les choix qui détermineront l'avenir de l'IA ne devraient pas être laissés uniquement aux experts techniques ou aux grandes entreprises. En tant que citoyen, vous avez un rôle à jouer :

- Informez-vous sur les politiques et régulations proposées concernant l'IA
- Participez aux consultations publiques quand elles existent
- Soutenez les organisations qui défendent une vision de l'IA alignée avec vos valeurs
- Engagez des conversations dans votre entourage sur ces questions

Votre voix compte dans la définition collective des limites et des orientations souhaitables pour ces technologies.

Adopter une attitude d'apprentissage continu

Dans un monde en rapide évolution, la capacité d'apprendre constamment devient essentielle :

- Restez curieux face aux nouvelles technologies sans anxiété excessive
- Osez expérimenter et vous tromper pour mieux comprendre
- Partagez vos découvertes et apprenez des expériences d'autrui
- Voyez chaque difficulté comme une opportunité d'apprentissage

Cette posture d'apprenant permanent vous permettra de vous adapter aux évolutions futures avec confiance plutôt qu'avec crainte.

L'importance de la culture numérique

Au-delà des compétences techniques spécifiques, c'est une véritable culture numérique qu'il convient de développer pour naviguer sereinement dans ce nouveau monde.

Une alphabétisation IA pour tous

De même que lire et écrire sont devenus des compétences fondamentales nécessaires à la participation sociale, une forme d'"alphabétisation IA" devient progressivement essentielle :

- Comprendre les principes de base du fonctionnement de ces technologies

- Reconnaître les situations où l'IA est utilisée, même implicitement
- Identifier les limites et biais potentiels des systèmes automatisés
- Savoir formuler efficacement des requêtes aux systèmes IA
- Évaluer de manière critique les informations générées ou filtrées par IA

Cette alphabétisation n'exige pas de devenir expert en programmation ou en mathématiques, mais d'acquérir une compréhension fonctionnelle suffisante pour interagir en connaissance de cause.

Une approche intergénérationnelle

La culture numérique se transmet dans les deux sens entre générations :

- Les plus jeunes, souvent plus à l'aise avec les nouvelles interfaces, peuvent partager cette aisance
- Les plus âgés peuvent apporter leur recul critique et leur expérience de vie
- Les échanges intergénérationnels permettent une adoption plus réfléchie et équilibrée

Cette transmission mutuelle enrichit notre rapport collectif à la technologie.

L'équilibre entre tradition et innovation

Une culture numérique mature ne consiste pas à embrasser aveuglément toute nouveauté, ni à rejeter en bloc les nouvelles technologies. Elle cherche un équilibre :

- Préserver les pratiques traditionnelles précieuses (lecture profonde, rencontres en personne, savoir-faire manuels...)
- Intégrer les innovations qui enrichissent véritablement nos vies
- Maintenir des espaces et moments libres de technologie
- Adapter les outils à nos valeurs plutôt que l'inverse

Cet équilibre nous permet de bénéficier du meilleur des deux mondes.

Une culture numérique citoyenne

Enfin, la culture numérique doit s'inscrire dans une vision citoyenne plus large :

- Considérer les implications collectives de nos choix technologiques individuels
- S'interroger sur les modèles économiques et sociaux sous-jacents
- Réfléchir aux questions de justice, d'équité et d'inclusion
- Participer à la construction d'un avenir numérique qui reflète nos valeurs communes

Cette dimension citoyenne transforme la simple habileté technique en véritable sagesse numérique.

Un avenir à construire ensemble

Au terme de ce voyage à travers le monde de l'intelligence artificielle, nous pouvons retenir que cette technologie est à la fois extraordinaire et ordinaire - extraordinaire par ce qu'elle permet, ordinaire en ce qu'elle reste un outil façonné par et pour les humains.

L'avenir n'est jamais écrit d'avance. Il sera ce que nous en ferons collectivement, à travers nos choix quotidiens, nos valeurs partagées, et notre vision commune de ce que signifie prospérer en tant qu'êtres humains à l'ère numérique.

La technologie la plus sophistiquée reste un moyen, jamais une fin en soi. C'est à nous de décider à quelles fins nous souhaitons l'employer, pour construire un avenir où l'intelligence artificielle augmente véritablement notre humanité plutôt que de la diminuer.

Ressources pour continuer votre exploration

Pour celles et ceux qui souhaitent approfondir leur compréhension de l'IA, voici quelques ressources accessibles :

Sites web et plateformes

- **AI for Everyone** (coursera.org) : Un cours en ligne gratuit conçu pour les non-spécialistes, expliquant les concepts fondamentaux de l'IA
- **Elements of AI** (elementsofai.com) : Une série de cours en ligne gratuits visant à démystifier l'IA pour le grand public
- **The Gradient** (thegradient.pub) : Publication en ligne proposant des analyses accessibles sur les dernières avancées en IA
- **AI Weirdness** (aiweirdness.com) : Un blog qui explore avec humour les erreurs et comportements étranges des systèmes d'IA

Applications pour expérimenter

- **Teachable Machine** (teachablemachine.withgoogle.com) : Outil permettant de créer et tester vos propres modèles d'IA sans programmation

- **Quick, Draw!** (quickdraw.withgoogle.com) : Jeu qui utilise la reconnaissance d'images par IA de façon ludique
- **Experiments with Google** (experiments.withgoogle.com/collection/ai) : Collection d'expériences interactives utilisant l'IA

Livres accessibles

- "AI 2041: Ten Visions for Our Future" par Kai-Fu Lee et Chen Qiufan
- "You Look Like a Thing and I Love You" par Janelle Shane
- "Hello World: Being Human in the Age of Algorithms" par Hannah Fry

Communautés et forums

- **AI Ethics Community** (aiethicslab.com) : Discussions et ressources sur les aspects éthiques de l'IA
- **AI4Good** (ai4good.org) : Réseau promouvant l'utilisation de l'IA pour relever les défis sociaux et environnementaux

Ces ressources vous permettront de rester informé des évolutions dans ce domaine passionnant et de contribuer aux conversations importantes sur la façon dont nous souhaitons que l'IA façonne notre futur.

Un mot final

Merci d'avoir parcouru ce livre. J'espère qu'il vous a permis de mieux comprendre cette technologie qui transforme notre monde, et qu'il vous a donné des outils pour naviguer avec confiance dans cet univers en constante évolution.

L'IA n'appartient pas aux seuls experts - elle nous concerne tous. En développant notre compréhension et notre esprit critique, nous pouvons collectivement orienter son développement vers un avenir où la technologie amplifie le meilleur de notre humanité.

Le voyage ne fait que commencer. Restez curieux, restez critique, et surtout, restez acteur de votre relation avec ces technologies fascinantes.

Conclusion : Vivre avec l'IA en toute confiance

Au terme de ce voyage à travers le monde de l'intelligence artificielle, nous avons exploré ses fondements, ses applications actuelles, ses défis et ses perspectives d'avenir. Cette technologie, à la fois fascinante et parfois intimidante, est désormais une composante incontournable de notre paysage quotidien. Comment alors vivre sereinement dans ce monde de plus en plus augmenté par l'IA?

Les clés pour rester acteur dans un monde augmenté par l'IA

L'intelligence artificielle n'est pas une force mystérieuse qui nous arrive dessus sans que nous puissions l'influencer. Elle est créée par des humains, pour des humains, et nous avons collectivement et individuellement la capacité de façonner sa place dans nos vies.

Adopter une posture active plutôt que passive

La première clé est de refuser la posture du simple consommateur passif de technologies. Vous pouvez choisir comment, quand et dans quelle mesure intégrer l'IA dans votre quotidien :

- Évaluez consciemment la valeur ajoutée d'un service ou produit IA avant de l'adopter
- Paramétrez les systèmes que vous utilisez selon vos préférences et besoins réels
- Prenez régulièrement des pauses déconnectées pour maintenir votre autonomie

- Exercez votre esprit critique face aux recommandations et suggestions algorithmiques

En restant vigilant et sélectif, vous conservez le contrôle sur la technologie plutôt que l'inverse.

Cultiver les capacités uniquement humaines

L'IA excelle dans certains domaines, mais reste limitée dans d'autres. En cultivant consciemment les capacités qui nous distinguent, nous maintenons notre pertinence et notre autonomie :

- La créativité authentique et l'expression artistique personnelle
- L'intelligence émotionnelle et l'empathie profonde
- Le jugement éthique et la sagesse contextuelle
- La pensée critique et le raisonnement nuancé
- La collaboration et la connexion humaine authentique

Ces capacités resteront précieuses, peut-être même davantage, dans un monde riche en IA.

Participer au dialogue social sur l'IA

Les choix qui détermineront l'avenir de l'IA ne devraient pas être laissés uniquement aux experts techniques ou aux grandes entreprises. En tant que citoyen, vous avez un rôle à jouer :

- Informez-vous sur les politiques et régulations proposées concernant l'IA
- Participez aux consultations publiques quand elles existent
- Soutenez les organisations qui défendent une vision de l'IA alignée avec vos valeurs

- Engagez des conversations dans votre entourage sur ces questions

Votre voix compte dans la définition collective des limites et des orientations souhaitables pour ces technologies.

Adopter une attitude d'apprentissage continu

Dans un monde en rapide évolution, la capacité d'apprendre constamment devient essentielle :

- Restez curieux face aux nouvelles technologies sans anxiété excessive
- Osez expérimenter et vous tromper pour mieux comprendre
- Partagez vos découvertes et apprenez des expériences d'autrui
- Voyez chaque difficulté comme une opportunité d'apprentissage

Cette posture d'apprenant permanent vous permettra de vous adapter aux évolutions futures avec confiance plutôt qu'avec crainte.

L'importance de la culture numérique

Au-delà des compétences techniques spécifiques, c'est une véritable culture numérique qu'il convient de développer pour naviguer sereinement dans ce nouveau monde.

Une alphabétisation IA pour tous

De même que lire et écrire sont devenus des compétences fondamentales nécessaires à la participation sociale, une forme d'"alphabétisation IA" devient progressivement essentielle :

- Comprendre les principes de base du fonctionnement de ces technologies
- Reconnaître les situations où l'IA est utilisée, même implicitement
- Identifier les limites et biais potentiels des systèmes automatisés
- Savoir formuler efficacement des requêtes aux systèmes IA
- Évaluer de manière critique les informations générées ou filtrées par IA

Cette alphabétisation n'exige pas de devenir expert en programmation ou en mathématiques, mais d'acquérir une compréhension fonctionnelle suffisante pour interagir en connaissance de cause.

Une approche intergénérationnelle

La culture numérique se transmet dans les deux sens entre générations :

- Les plus jeunes, souvent plus à l'aise avec les nouvelles interfaces, peuvent partager cette aisance
- Les plus âgés peuvent apporter leur recul critique et leur expérience de vie
- Les échanges intergénérationnels permettent une adoption plus réfléchie et équilibrée

Cette transmission mutuelle enrichit notre rapport collectif à la technologie.

L'équilibre entre tradition et innovation

Une culture numérique mature ne consiste pas à embrasser aveuglément toute nouveauté, ni à rejeter en bloc les nouvelles technologies. Elle cherche un équilibre :

- Préserver les pratiques traditionnelles précieuses (lecture profonde, rencontres en personne, savoir-faire manuels...)
- Intégrer les innovations qui enrichissent véritablement nos vies
- Maintenir des espaces et moments libres de technologie
- Adapter les outils à nos valeurs plutôt que l'inverse

Cet équilibre nous permet de bénéficier du meilleur des deux mondes.

Une culture numérique citoyenne

Enfin, la culture numérique doit s'inscrire dans une vision citoyenne plus large :

- Considérer les implications collectives de nos choix technologiques individuels
- S'interroger sur les modèles économiques et sociaux sous-jacents
- Réfléchir aux questions de justice, d'équité et d'inclusion
- Participer à la construction d'un avenir numérique qui reflète nos valeurs communes

Cette dimension citoyenne transforme la simple habileté technique en véritable sagesse numérique.

Un message d'espoir et de responsabilité

L'intelligence artificielle n'est ni une panacée qui résoudra magiquement tous nos problèmes, ni une menace existentielle qui nous priverait inévitablement de notre humanité. C'est un outil puissant, façonné par nos choix collectifs, qui peut amplifier tant nos capacités que nos faiblesses.

En développant une compréhension nuancée de ces technologies, en cultivant une culture numérique riche, et en restant acteur plutôt que spectateur, nous pouvons aborder avec confiance ce monde augmenté par l'IA.

L'avenir n'est jamais écrit d'avance. Il sera ce que nous en ferons collectivement, à travers nos choix quotidiens, nos valeurs partagées, et notre vision commune de ce que signifie prospérer en tant qu'êtres humains à l'ère numérique.

La technologie la plus sophistiquée reste un moyen, jamais une fin en soi. C'est à nous de décider à quelles fins nous souhaitons l'employer, pour construire un avenir où l'intelligence artificielle augmente véritablement notre humanité plutôt que de la diminuer.

Pour aller plus loin

Si vous souhaitez approfondir votre compréhension de l'IA, voici quelques pistes :

Ressources en ligne

- **Elements of AI** (elementsofai.com) : Cours gratuit accessible à tous
- **AI Experiments** (experiments.withgoogle.com/collection/ai) : Expériences interactives pour explorer l'IA de façon ludique
- **The Gradient** (thegradient.pub) : Articles accessibles sur les avancées en IA

Livres complémentaires

- "AI 2041: Ten Visions for Our Future" par Kai-Fu Lee et Chen Qiufan

- "Hello World: Being Human in the Age of Algorithms" par Hannah Fry
- "You Look Like a Thing and I Love You" par Janelle Shane

Activités pratiques

- Créez votre propre modèle d'IA simple avec Teachable Machine (teachablemachine.withgoogle.com)
- Organisez un club de lecture ou de discussion autour des enjeux de l'IA
- Participez à des consultations publiques sur les régulations de l'IA

Je vous encourage à continuer votre exploration, à garder votre curiosité éveillée et votre esprit critique aiguisé. C'est ainsi que nous pourrons collectivement façonner un avenir où l'IA sera véritablement au service de l'humanité et de nos valeurs les plus essentielles.

L'auteur

Taha-Hassine Ferhat

Né le 29 avril 1950 à Merouana, en Algérie, Taha-Hassine Ferhat incarne cette génération qui a vécu les dernières années de la période coloniale et participé activement à la construction de l'Algérie indépendante. Son parcours, à la croisée des sciences, de l'industrie et des lettres, témoigne d'une richesse d'expériences qui nourrit profondément son œuvre littéraire.

Après une licence en physique obtenue à la Faculté des Sciences d'Alger, il poursuit ses études en France où il décroche un diplôme d'ingénieur électronicien à l'École de Radioélectricité et d'Électronique de Marseille, puis un DESS en gestion des entreprises à l'Institut d'Administration des Entreprises de Paris. Cette formation pluridisciplinaire lui confère une approche unique, alliant rigueur scientifique et sensibilité humaniste.

Sa carrière professionnelle, qui s'étend sur plus de trois décennies, l'a conduit à occuper des postes de haute responsabilité dans la gestion d'entreprises publiques algériennes, jusqu'à devenir président-directeur général d'une entreprise nationale. Cette immersion dans les réalités économiques et sociales de son pays lui a permis d'observer les transformations profondes d'une société en quête d'équilibre entre tradition et modernité, thème central de sa création littéraire.

C'est à la retraite que Taha-Hassine Ferhat se consacre pleinement à l'écriture, dévoilant une vocation qui l'habitait depuis longtemps. Ses premiers ouvrages – *"366 Citations, 365 jours"*, *"Les Mille et une citations"* et *"50 Citations - 50 Méditations"* – reflètent son attrait pour la pensée concise et la profondeur philosophique, invitant ses lecteurs à ralentir le rythme pour méditer sur les questions essentielles de l'existence.

Avec *"Les Saisons d'El-Warda"*, son premier roman, il déploie pleinement son talent narratif tout en poursuivant sa réflexion philosophique sur les thèmes qui lui sont chers : la formation de l'identité, la transmission du savoir, le dialogue des cultures, et le difficile équilibre entre fidélité aux racines et ouverture au monde. S'inspirant de sa propre expérience d'adolescent dans l'Algérie post-indépendance, mais aussi de ses observations comme adulte et éducateur, il nous livre une fresque à la fois intime et universelle sur ce moment crucial qu'est l'adolescence.

« Écrire sur l'adolescence », confie-t-il, « c'est revisiter ce moment fondateur où l'être se cherche et se trouve, où les choix commencent à dessiner une trajectoire unique. C'est aussi interroger, à travers le prisme d'une génération spécifique, les questions éternelles de l'identité, de l'appartenance et de la liberté. »

La plume de Taha-Hassine Ferhat, nourrie par ses multiples vies d'ingénieur, de gestionnaire et de philosophe, se caractérise par sa précision analytique autant que par sa sensibilité aux nuances des émotions humaines. À travers son œuvre, il nous invite à contempler, avec lucidité mais sans cynisme, les métamorphoses parfois douloureuses mais toujours fécondes qui façonnent tant les individus que les sociétés.

www.ingramcontent.com/pod-product-compliance
Lightning Source LLC
LaVergne TN
LVHW051229050326
832903LV00028B/2306